国家职业教育城市轨道交通专业教学资源库配套教材

城市轨道交通客运服务

主　编　李云飞　刘鸿婷
副主编　张世涛　和　鑫　杨图南　庄晓红

人民交通出版社股份有限公司
北京

内容提要

本书是国家职业教育城市轨道交通专业教学资源库配套教材之一,主要内容包括:城市轨道交通客运服务标志、城市轨道交通客运服务人员礼仪要求、城市轨道交通客运心理服务、城市轨道交通车站客运服务、乘客投诉及伤亡处理五部分。通过上述内容的教学,学生基本能够按照地铁运营公司的服务规范为乘客的乘车过程提供热情的服务,运用乘客服务心理学知识实现与乘客友好沟通,妥善处理服务中常见的问题,并具备一定的处理乘客纠纷和投诉的能力。

城市轨道交通客运服务是城市轨道交通运营管理专业的专业核心课程,也可作为城市轨道交通车辆技术专业、城市轨道交通机电技术专业、城市轨道交通通信信号技术专业、城市轨道交通供配电技术专业、城市轨道交通工程技术专业的拓展课程,亦可作为城市轨道交通运营公司从业人员的工作参考书。

* 为便于教学,本教材配多媒体教学课件,任课教师可通过加入"职教轨道教学研讨群"(教师专用QQ群号:129327355)获取。

图书在版编目(CIP)数据

城市轨道交通客运服务 / 李云飞,刘鸿婷主编. — 北京:人民交通出版社股份有限公司,2019.8(2024.12 重印)
ISBN 978-7-114-15798-1

Ⅰ. ①城⋯ Ⅱ. ①李⋯②刘⋯ Ⅲ. ①城市铁路—客运服务 Ⅳ. ①U239.5

中国版本图书馆 CIP 数据核字(2019)第 178278 号

国家职业教育城市轨道交通专业教学资源库配套教材

书 名:	城市轨道交通客运服务
著 作 者:	李云飞 刘鸿婷
责任编辑:	司昌静
责任校对:	孙国靖 魏佳宁
责任印制:	刘高彤
出版发行:	人民交通出版社股份有限公司
地 址:	(100011)北京市朝阳区安定门外外馆斜街 3 号
网 址:	http://www.ccpcl.com.cn
销售电话:	(010)85285911
总 经 销:	人民交通出版社股份有限公司发行部
经 销:	各地新华书店
印 刷:	北京印匠彩色印刷有限公司
开 本:	787×1092 1/16
印 张:	12.25
字 数:	270 千
版 次:	2019 年 8 月 第 1 版
印 次:	2024 年 12 月 第 6 次印刷
书 号:	ISBN 978-7-114-15798-1
定 价:	38.00 元

(有印刷、装订质量问题的图书由本公司负责调换)

前 言

《城市轨道交通客运服务》是国家职业教育城市轨道交通专业教学资源库配套教材之一。国家在推进高等职业教育教学改革创新中提出,要促进职业教育教学科学化、标准化、规范化。为了加快职业教育教学标准体系建设,结合城市轨道交通专业教学要求和课程特点,本教材运用项目教学方法进行设计,创设多元化教学方式,普及推广项目教学、案例教学、情境教学、工作过程导向教学等。推广运用启发式、探究式、讨论式、参与式等教学方法,合理设计自我学习空间、跟我学习空间、团队学习空间、拓展空间和学习评价空间,充分激发学生的学习兴趣和积极性,真正实现技能培养学中做、做中学。

本教材采用全新的编写理念,共5个模块、17个任务,根据当前高等职业教育的基本要求和教学改革的方向,把教学内容、教学设计、教学方法等融合到教材中,将学生的创新意识培养和创新思维养成融入教育教学全过程。教材突出教师的教学能动性和学生的学习主动性,按照高质量创新创业教育的需要改革教法、完善实践、因材施教,促进专业教育与创新创业教育有机融合。为帮助学生更好地学习,与该教材配套的《城市轨道交通客运服务》课程资源见 https://www.icve.com.cn/。

本教材由云南交通职业技术学院李云飞、刘鸿婷、张世涛、和鑫、杨图南、庄晓红等承担主要编写工作,同时武汉铁路职业技术学院潘利老师、南京交通职业技术学院崔嘉老师、广东交通职业技术学院丛丛老师也参与了编写工作,在此一并表示感谢。

作 者

2019年5月

目 录

模块一 城市轨道交通客运服务标志 ... 1

任务一 城市轨道交通标志 ... 1
- 知识点1 什么是标志 ... 2
- 知识点2 标志的应用 ... 2
- 知识点3 地铁标志的识别 ... 4
- 知识点4 部分国外城市轨道交通的标志 ... 4
- 知识点5 我国部分城市轨道交通的标志 ... 5

任务二 城市轨道交通客运服务标志分类 ... 11
- 知识点1 导向和定位标志 ... 12
- 知识点2 导向标志 ... 17
- 知识点3 信息标志 ... 20
- 知识点4 禁止标志 ... 24
- 知识点5 警告标志和提示标志 ... 26
- 知识点6 消防安全标志 ... 31
- 知识点7 其他标志 ... 36

模块二 城市轨道交通客运服务人员礼仪要求 ... 48

任务一 仪容礼仪 ... 48
- 知识点1 对服务人员仪容的基本要求 ... 49
- 知识点2 服务人员仪容修饰的原则和要求 ... 50
- 知识点3 服务人员的卫生习惯 ... 55
- 知识点4 服务人员的行为习惯 ... 56

任务二 仪表礼仪 ... 64
- 知识点1 仪表修饰应遵循的原则 ... 65
- 知识点2 男士西服的穿着 ... 66
- 知识点3 女士职业装的穿着 ... 66
- 知识点4 制服的穿着 ... 67

任务三 仪态礼仪 ... 73
- 知识点1 表情礼仪 ... 74
- 知识点2 站姿 ... 76
- 知识点3 坐姿 ... 78

知识点 4　行姿 ……………………………………………………………… 80
　　知识点 5　蹲姿 ……………………………………………………………… 81
任务四　沟通礼仪 ………………………………………………………………… 87
　　知识点 1　见面礼仪 ………………………………………………………… 88
　　知识点 2　电话礼仪 ………………………………………………………… 91
　　知识点 3　引导礼仪 ………………………………………………………… 92

模块三　城市轨道交通客运心理服务 …………………………………………… 96
任务一　不同来源乘客心理服务 ………………………………………………… 96
　　知识点 1　当地乘客 ………………………………………………………… 97
　　知识点 2　外地乘客 ………………………………………………………… 97
任务二　不同年龄乘客心理服务 ………………………………………………… 102
　　知识点 1　老年乘客 ………………………………………………………… 103
　　知识点 2　中年乘客 ………………………………………………………… 103
　　知识点 3　青年乘客 ………………………………………………………… 104
　　知识点 4　幼年乘客 ………………………………………………………… 104
任务三　特殊情况时乘客心理服务 ……………………………………………… 109
　　知识点 1　上错车、坐过站、下错车的乘客心理服务 ………………………… 110
　　知识点 2　超负荷列车中乘客心理服务 …………………………………… 110
　　知识点 3　携带危险品进站乘车乘客心理服务 …………………………… 110
　　知识点 4　丢失物品乘客心理服务 ………………………………………… 110
　　知识点 5　对乘车条件不满意、不如意乘客心理服务 ……………………… 111
　　知识点 6　遇到意外事件乘客心理服务 …………………………………… 111
　　知识点 7　遇严寒、酷暑气候条件乘车乘客心理服务 ……………………… 111
任务四　客运服务人员心理服务 ………………………………………………… 115
　　知识点 1　心理轻度失调客运服务人员心理服务 ………………………… 116
　　知识点 2　心理严重失调客运服务人员心理服务 ………………………… 116

模块四　城市轨道交通车站客运服务 …………………………………………… 122
任务一　乘客进站服务 …………………………………………………………… 122
　　知识点 1　进站服务 ………………………………………………………… 123
　　知识点 2　安全检查(简称安检)服务 …………………………………… 124
　　知识点 3　乘客不文明行为 ………………………………………………… 125
任务二　乘客购票服务 …………………………………………………………… 132
　　知识点 1　购票方式 ………………………………………………………… 133
　　知识点 2　乘客购票事务处理 ……………………………………………… 138
任务三　乘客进出闸服务 ………………………………………………………… 144

  知识点 1　乘客进出闸有困难 ·· 145
  知识点 2　乘客进出闸不文明行为处理 ·· 149
 任务四　乘客候车服务 ·· 155
  知识点 1　站台服务岗位概述 ·· 156
  知识点 2　接发列车作业 ··· 157
  知识点 3　站台巡视作业 ··· 158
  知识点 4　站台常见问题处理 ·· 159
 任务五　乘客出站及站内其他服务 ··· 166
  知识点 1　问询引导服务 ··· 167
  知识点 2　乘客乘坐扶梯 ··· 167
  知识点 3　应急服务 ·· 168

模块五　乘客投诉及伤亡处理 ··· 173
 任务一　乘客投诉处理 ·· 173
  知识点 1　投诉的定义 ·· 174
  知识点 2　投诉的方式及处理注意事项 ······································· 174
  知识点 3　投诉产生的原因 ··· 174
  知识点 4　处理投诉的原则 ··· 175
  知识点 5　处理投诉的流程 ··· 175
 任务二　客伤事故处理 ·· 180
  知识点 1　客伤事故的定义 ··· 181
  知识点 2　导致客伤事故的原因 ·· 181
  知识点 3　处理客伤事故的原则 ·· 181
  知识点 4　处理客伤事故的流程 ·· 182

参考文献 ·· 186

模块一 城市轨道交通客运服务标志

任务一 城市轨道交通标志

自我学习空间

收集以下城市地铁 Logo,如图 1-1 所示,试分析其 Logo 内涵。

沈阳地铁

昆明地铁

长沙地铁

图 1-1

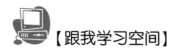

【跟我学习空间】

知识点1　什么是标志

1. 导入

在生活中，我们时常会遇到在街头、医院、商场、公园等公共场所找不到目的地而急得团团转的情况。

缺乏必要的导示标志、已有标志不完善或者不清晰、标志上的文字或图形错误等，是造成我们在寻找目标和确定方位时"抓瞎"的主要原因。

2. 标志

标志，是指带有文字或图形的视觉展示，用来传递信息或吸引注意力。标志可以给身处城市各种场所的人们提供指引和便利。

对于任何城市或任何建筑而言，具有鲜明的、优美的标志系统，是其形象和身份识别的重要组成部分，是城市和建筑设计人性化不可忽略的一部分，也是城市和建筑向精细化发展的重要象征，如图1-2所示。

图1-2　标志

知识点2　标志的应用

1. 标志的重要性

在没有电子导航之前，当一个人来到陌生的城市，要想顺利地到达目的地,往往需要借助于问路,因此当地的风土人情、当地人的热情程度、方言俚语都成为人们对这个城市的特殊记忆。当城市越来越大,信息越来越多元时,问路已不能满足指路的需求,标志就显得越来越重要,应用范围也越来越广泛。

标志的应用极大地方便了人们的出行,不管是开车还是步行,都有相应的标志在合适的位置给出明确的指引。当然,根据一个城市、一座建筑、一个旅游景点等对标志的应用或设置的不同,达到的效果也千差万别。

标志带来的方便性

2. 我国标志的应用

总体来讲,我国目前对标志的设计和应用还不够成熟、完善,重设计而轻标志、重建筑而轻导向的现象普遍存在。公共标志不规范、不准确、较随意,给人们的生活造成了诸多不便甚至尴尬。

我国有一整套与国际接轨的公共信息图形符号标志标准,如按标准,"红色"表示"禁止","蓝色"表示"指令","黄色"表示"警告","绿色"表示"提示和导向"。但在使用过程中,不严格按照标准执行的还有很多,其中较为突出的问题就是讲究标新立异,力求与众不同。

现代社会倡导创意,但"太有创意"的标志也造成了识别混乱,如用"烟斗""礼帽"代表男洗手间,用"高跟鞋"代表女洗手间等,如图1-3所示。

图1-3 各类"创意"标志

标志牌大小、位置、方向、图标、文字设置不合理,不但起不到指向作用,还会破坏建筑美观、妨碍信息传递,甚至造成安全隐患。

3. 如何建设现代化、国际化城市

建设现代化、国际化城市,其中一个标准就是标志国际化、标准化。必须按国际标准规范公共标志的应用,注重标志的国际通用性,便于国际与地区的交流,并且易于被各种文化程度的人接受。

大力倡导统一规范的公共标志,通过科学方法制定信息内容、合理选择设置位置,使标志表达的信息内容"醒目清晰,通俗易懂",从而引导来自不同地区、不同文化背景的人通过标志信息准确获取信息,让国际与地区的交流无语言障碍,这是城市走向现代文明的必然之路。

知识点3　地铁标志的识别

城市轨道交通最初习惯被称为地铁,常用称谓包括以下几种:Metro、MRT、MTR、Overground(特指地上轨道)、Railway(特指地上轨道)、Subway、Underground,如图1-4所示。

a)美国某地　　　　　　b)巴黎　　　　　　c)伦敦

图1-4　美国某地、巴黎、伦敦等城市地铁名称

知识点4　部分国外城市轨道交通的标志

1. 企业Logo

标志(Logo)是企业日常经营活动、广告宣传、文化建设、对外交流必不可少的元素,随着企业的成长,其价值也不断增长。Logo设计将具体的事物、事件、场景和抽象的精神、理念、方向通过特殊的图形固定下来,使人们在看到Logo的同时,自然地产生联想,从而对企业产生认同。

2. 城市轨道交通企业Logo

城市轨道交通企业的Logo在为企业宣传服务的同时,也给市民乘坐轨道交通带来了方便,起到了导向标志的作用。

全球大多数国家都将"地铁"叫作"metro",所以地铁的标志多少都和"metro"中的"m"有关。

世界各国的城市轨道交通Logo有各种各样的设计,大多都会把Logo设置在车站入口,或者印在列车车厢、路线图、车票上。在一些国家或城市,城市轨道交通Logo代表着整个城市轨道交通系统;而在另一些国家或城市,城市轨道交通Logo只代表某一条城市轨道交通线路或者负责经营某一城市轨道交通线路的公司,如图1-5所示。

a) 罗马　　　　b) 柏林

c) 东京　　　　d) 首尔

图 1-5　一些城市的地铁 Logo

知识点 5　我国部分城市轨道交通的标志

我国城市轨道交通建设起步较晚,在初期由于建设成本高、后期维护费用巨大,只有少数几个城市建设了地铁。

近年来,我国北京、上海等特大城市在以超常规速度建设城市轨道交通。继北京、上海、广州、天津之后,深圳、武汉、长春、成都、大连、重庆等城市相继拥有了城市轨道交通系统。城市轨道交通已经成为我国缓解大城市交通拥堵问题的重要手段。我国主要城市地铁 Logo 如图 1-6 所示。

1. 北京

北京第一条地铁于 1969 年 10 月建成通车。北京地铁 Logo 外形采取圆形,以字母"G"构成,表示地铁隧道,中间是字母"D",为地铁拼音的首字母,D 的内心是字母"B",表示"北京"。三个字母构成"北京高速电车"(现"北京地铁")的缩写。

2. 香港

1979 年 10 月,香港石峡尾—观塘线地铁正式通车。香港地铁 Logo 图案有三重寓意。首先是代表香港本岛与九龙半岛之间有地铁贯通;其次是代表地铁的两个车站与一个区间;最后图案的字型类似"寿"字的古体,喻平安吉祥之意。

3. 天津

天津地铁始建于 1970 年 4 月 7 日,1984 年 12 月 28 日建成通车。天津地铁 Logo,红色的圆形外形象征地铁隧道特别是盾构形成的圆形洞体,整体图形以"TIANJIN"的首字母"T"为核心元素,白色部分构成"T"形,与顶部红色部分交相辉映,整体图形外观似一"天"字。

图 1-6 我国主要城市地铁 Logo

4. 上海

1994 年 12 月,上海地铁 1 号线一期工程建成通车。上海地铁 Logo 的圆形标徽由英文字母 S 和 M 组成,其中 S 代表"上海"(SHANGHAI 的首字母),M 表示地铁,而圆弧状形似地铁的圆形区间隧道;M 又像在隧道内相向行驶的两辆地铁列车。

5. 广州

1998 年 12 月,广州地铁 1 号线建成通车。广州地铁 Logo 主要含义是:①广州称为"羊城","Y"是"羊城"的缩写。其外形是一个抽象的"山羊",象征广州市市徽"山羊",具有明显的"羊城"地域特征;②胜利的手势,寓意欣欣向荣;③无限延伸的两条铁轨,意为四通八达。

6. 深圳

2004 年 12 月,深圳地铁 1、4 号线一期工程建成通车。深圳地铁 Logo 为圆形,里面有上、下两个半圆,中心部分有两条平行线。其含义为:上、下两个半圆代表地铁运行隧道,两条平行线代表地铁轨道;以圆为背景,揭示深圳地铁置身于经济全球化之中;以绿色为形象识别色,蕴含地铁运行的"安全、快捷、环保",同时昭示深圳地铁蓬勃发展的生命力。

7. 南京

2005 年 9 月,南京地铁 1 号线一期工程建成通车。南京地铁 Logo 外形是梅花造型,梅花是南京市的市花,象征南京。中间有一个 M 造型,取地铁英文 Metro 的首字母,象征地铁。

8. 其他

我国其他典型城市地铁 Logo 如图 1-7 所示。

图 1-7　我国其他城市地铁 Logo

团队学习空间

在杭州、苏州、无锡、郑州、西安及成都地铁中任选3个,以小组为单位,重新为它们设计Logo,并说明设计思路。

拓展空间

收集拟建地铁的城市,为它们设计 Logo,并说明设计思路。

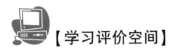【学习评价空间】

评价内容	评 价 人	评 价 结 果					评　语
		优	良	中	及格	不及格	
自我学习	自评						
上课表现	教师						
团队学习	组长						
拓展锻炼	教师						

任务二　城市轨道交通客运服务标志分类

自我学习空间

1. 观看动画短片"大宽汽车站坐地铁",分析其尴尬之处。
2. 坐一次地铁,用手机拍下乘坐地铁过程中你看到的所有客运服务标志,并在课前与班级同学分享。

大宽汽车站
坐地铁

学习笔记

定位标志和导向标志的设置原则

车站出入口标志

车站出入口标志识别

【跟我学习空间】

知识点 1　导向和定位标志

城市轨道交通客运服务中需要提供导向和定位标志的场所与设施通常包括以下部分。

车站出入口、站名、售票处、客服中心、检票处、自动扶梯、垂直电梯、警务室、公共卫生间、公用电话、站台等。

1. 车站出入口标志

车站出入口标志用于确认城市轨道交通车站的出入口位置,设置在出入口外的建筑物上,便于不同方向乘客辨识,如图1-8所示。

图 1-8　入口、出口标志

根据车站建筑方式的不同,车站分为高架站、地面站和地下站。高架站和地面站的建筑物容易识别,但地下站只有出入口通向地面,找到出入口不容易。因此车站出入口必须设置清晰和醒目的标志,以便于乘客识别,如图1-9、图1-10所示。

图 1-9　北京地铁站出入口标志

12

图1-10 深圳地铁站出入口标志

2. 站名标志

车站出入口标志用于确认轨道交通车站的出入口位置,设置在轨道交通出入口外在建筑物上,便于不同方向乘客辨识。

根据车站建筑方式的不同,车站分为高架站、地面站和地下站。高架站和地面站的建筑物容易识别,但地下站只有出入口通向地面,找到入口不容易。因此车站出入口必须设置清晰和醒目的标志,以便于乘客识别,如图1-11所示。

a)出入口站名标志

b)站台侧墙站名标志

c)站台门站名标志

d)站台柱面站名标志

图1-11 不同位置的站名标志

车站站名标志

3. 售票处标志

售票处标志用于确认自动售票的地点,设置在自动售票机上方或附近。如图1-12所示。

图1-12 自动售票标志

4. 客服中心标志

客服中心标志用于确认客服中心的位置,设置在客服中心上方或附近。如图1-13所示。

图1-13 客服中心标志

5. 检票处标志

检票处标志采用闸机状态显示,用于确认是否可以经闸机进入付费区或非付费区,设置在闸机上方,宜采用可变标志,两面都显示信息。

图1-14为设置在检票闸机处的可变标志,与闸机状态联动显示。

图1-14 与闸机联动的检票处可变标志

6. 自动扶梯状态标志

自动扶梯状态标志用于乘客确认自动扶梯的乘坐方向,设置在自动扶梯两端的上方。车站的自动扶梯出于安全需要,需经常维护保养,而定期调整其运行方向是其中的一项保养要求。因此自动扶梯状态标志必须设置为动态显示形式,以便于根据自动扶梯的运行方向给出正确的状态表示,如图1-15所示。

图 1-15　自动扶梯状态标志

7. 垂直电梯标志

垂直电梯标志用于确认垂直电梯的位置，设置在垂直电梯附近，如图 1-16 所示。

图 1-16　垂直电梯标志

8. 警务室标志

警务室标志用于确认警务室的位置，设置在车站内警务室附近，如图 1-17 所示。

图 1-17　警务室标志

9. 公共卫生间标志

公共卫生间标志用于确认提供给乘客使用的卫生间的位置，设置在公共卫生间附近，如图 1-18 所示。

图 1-18　公共卫生间标志

(1) 当卫生间配备有无障碍专用设施时，应与无障碍服务设施图形符号组合使用，如图 1-19 所示。

(2) 男卫生间标志，设置在男卫生间门上或门框旁，如图 1-20a) 所示。

(3) 女卫生间标志，设置在女卫生间门上或门框旁，如图 1-20b) 所示。

图 1-19　无障碍专用卫生间标志

（4）无障碍设施标志，设置在卫生间无障碍专用设施上或附近，如图 1-20c）所示。

a）男卫生间标志　　　　　　b）女卫生间标志　　　　　　c）无障碍设施标志

图 1-20　卫生间标志

10. 公用电话标志

公用电话标志用于确认公用电话的位置，设置在公用电话上方或附近，如图 1-21 所示。

图 1-21　公用电话标志

11. 站台标志

站台标志用于确认站台行车方向，设置在站台候车处。

车站一般使用所乘线路行车方向的终点站来指代站台，如"往某某方向"等。但在城市轨道交通网络化运营后，两条线或更多条线的换乘站的出现以及长短交路套跑的行车组织模式的出现，使站台标志的识别和选择变得复杂。

车站工作人员在实际运作中为方便高效处理各类事件，按一定规则为站台进行编号，如 1 站台、2 站台等。沿用这个思路，客运服务标志中也采用站台编号来作为站台标志。

识别公用电话标志

站台标志

如图1-22所示,表示1号站台前往罗湖方向乘车。

图1-22 站台标志

知识点2 导向标志

1. 导向标志的应用

乘客在乘坐轨道交通出行的时候,需要在几个方面得到引导指示:一是找到出入口,二是找到售票处,三是找到进、出站闸机,四是找到乘车站台,五是其他应急需要。导向标志主要根据乘客的需求按需设置,在每个产生需求的地点准确无误地给出引导。

2. 城市轨道交通车站出入口导向标志

城市轨道交通车站导向标志用于指示前往车站出入口的方向。设置在轨道交通出入口周围500m半径范围内,道路交叉口、人行道、重要建筑出口等人流量较大的地点。当两条及以上线路换乘站的出入口分开设置,站内无法连通时,应该增设指示不同线路车站出入口的指向标志,即增加线路号。

关于线路号的图形符号如何设置才能区别于其他标志,深圳地铁就采用了图1-23所示的图形符号,效果较好。

图1-23 深圳地铁线路号图形符号

3. 自动售票导向标志

自动售票导向标志用于指示通往自动售票机的方向,设置在从车站入口或站厅入口到自动售票机路线的分岔口处,如图1-24所示。

图1-24 自动售票导向标志

大宽坐地铁

轨道交通车站
导向标志

客服中心标志、
自动售票标志

4. 客服中心导向标志

客服中心导向标志用于指示前往客服中心的方向,设置在从车站入口或站厅入口到客服中心路线的分岔口处,如图1-25所示。

5. 无障碍设施导向标志

无障碍设施导向标志用于指示前往无障碍设施的方向,设置在无障碍设施附近,如图1-26所示。

图1-25　客服中心导向标志

图1-26　无障碍设施导向标志

6. 垂直电梯导向标志

垂直电梯导向标志用于指示通往垂直电梯的方向,一般都要与出站和乘车导向组合设置,设置在通往站台或站厅层垂直电梯路线的适宜位置,如图1-27、图1-28所示。

图1-27　乘车方向垂直电梯导向标志

图1-28　出站方向垂直电梯导向标志

7. 自动扶梯导向标志

自动扶梯导向标志用于指示前往自动扶梯的方向,同样,也要与出站和乘车导向组合设置,设置在通往站台或站厅层自动扶梯路线的适宜位置,如图1-29所示。

图1-29　出站方向自动扶梯导向标志

8. 公共卫生间导向标志

公共卫生间导向标志用于指示前往公共卫生间的方向,设置在公共卫生间附近,如图 1-30 所示。

图 1-30　公共卫生间导向标志

9. 乘车导向标志

乘车导向标志用于指示前往站台的方向,设置在从通道、客服中心或售票处到乘车站台路线的分岔口处,如图 1-31 所示。

图 1-31　乘车导向标志

10. 列车运行方向导向标志

列车运行方向导向标志用于指示列车运行的方向,含本站站名、终点站站名、站台编号及线路图。设置在站台上方、屏蔽门上方或道心侧墙上,如图 1-32 所示。

图 1-32　列车运行方向导向标志

11. 出站导向标志

出站导向标志设在车站范围内用于指示前往车站出口的方向,设置在从站台到出口路线的分岔口处,如图 1-33 所示。

图 1-33　出站导向标志

12. 公交枢纽导向标志

公交枢纽导向标志用于指示前往公交枢纽站的方向,设置在通往公交枢纽的路线上,如图 1-34 所示。

13. 火车站导向标志

火车站导向标志用于指示前往火车站的方向,设置在从站台到火车站路线的分岔处,如图 1-35 所示。

图1-34　公交枢纽导向标志　　　　图1-35　火车站导向标志

14. 机场导向标志

机场导向标志用于指示前往机场的方向,设置在从站台到机场路线的分岔处,如图1-36所示。

图1-36　机场导向标志

知识点3　信息标志

1. 运营时间标志

车站需要在出入口处告知乘客本站运营时间,运营时间包括本站首班车时间、末班车时间以及车站开门时间和关门时间,如图1-37所示。如有必要还要增加本线路运营时间。

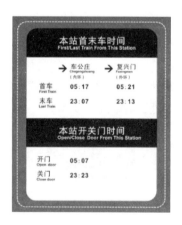

图1-37　车站运营时间标志

2. 运营线路标志

在站厅、站台、列车车站内适当位置张贴运营线路标志,为乘客提供该城市轨道交通正常运营的线路信息,一般包括每条线路的线路号(不同颜色描绘)、线路大致方向、包含的全部站名及换乘站等信息,如图1-38所示。

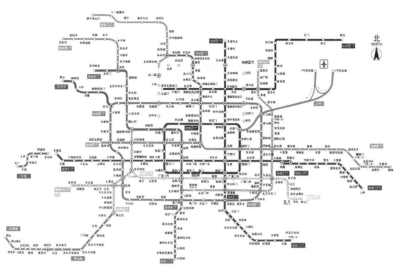

图 1-38　运营线路标志

3. 票务信息标志

票务信息主要包括票务政策、车票种类介绍、票价表、购票程序等,帮助乘客了解相关信息,确保乘客正确购买和使用车票。如图 1-39 所示,为车站单程票退票规定信息。

4. 车站周边信息标志

车站周边信息图主要供出站乘客了解车站周边环境情况,以便正确选择合适的出口出站。车站周边信息图包括车站周边街区、主要建筑物、著名景区、轨道交通与其他交通工具的接驳信息等,如图 1-40 所示。

图 1-39　车站单程票退票规定信息

图 1-40　车站周边信息标志

5. 车站出口信息标志

车站出口信息用于提供车站当前出口周边主要街道(包括主干道和次干道)、标志性建筑物、旅游景点、公园和主要公交线路名称等信息,是对车站周边信息图的补充和确认,如图 1-41 所示。

车站出入口标志

图 1-41　车站出口信息标志

6. 车站空间示意图

车站空间示意图用于提供城市轨道交通车站内各服务设施和出入口的相对位置,宜与车站周边信息图组合设置。车站空间示意图宜包括出入口位置、客服中心、楼梯、自动扶梯、垂直电梯、公用电话、公共卫生间等信息,如图 1-42 所示。

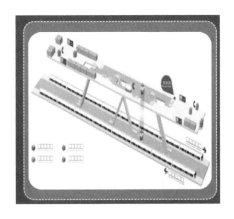

图 1-42　车站空间示意图

7. 列车运行线路标志

列车运行线路标志用于提供当前车站名、列车运行方向及本线路中所有车站名称等信息,以便于乘客了解目的地车站、途经车站等情况,如图 1-43 所示。

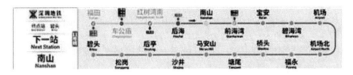

图 1-43　列车运行线路标志

8. 乘客公告栏

乘客公告栏用于发布乘客在公共场所应遵守的法律法规,应注意的规定、事项,以及运营信息通知等,如图1-44所示。

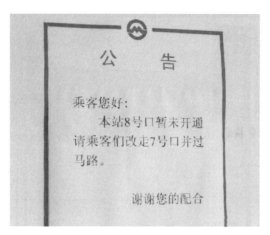

图1-44　乘客公告栏

9. 列车车厢内信息标志

列车车厢内信息用于在车厢内为乘客提供服务信息,设置在车厢内的适宜位置,如图1-45所示。

图1-45　列车车厢内信息标志

禁止标志概念

知识点 4 禁止标志

1. 禁止标志内容

禁止标志内容主要是禁止乘客的不安全行为。

2. 车站出入口处禁止标志

（1）禁止携带危险品

禁止携带危险品进站上车，危险品包括易燃类物品、易爆类物品、攻击性杀伤性武器等。对此类物品的禁止携带规定，需要在车站内外显著位置明确告知，如图1-46所示。

图1-46 禁止携带危险品进站标志

（2）禁止滋扰他人行为

城市轨道交通车站及列车车厢内，禁止滋扰他人行为，如乞讨、卖艺、摆摊设点等，如图1-47所示。

a) 禁止乞讨　　　　　　b) 禁止摆摊设点

图1-47 禁止滋扰他人行为标志

（3）禁止危险动作

城市轨道交通车站内空间窄小、人流密集，任何个人的危险动作都有可能造成对他人的伤害。因此，禁止奔跑、禁止滑滑板、禁止溜冰等，避免冲撞他人引发安全事件。乘车时禁止抢上抢下，避免被屏蔽门或车门夹伤；禁止翻越栏杆等阻拦物、触碰带电设备设施、携带超长超重行李物品，非紧急情况下禁止触发运营设备的紧急停止装置等，以免置自己与他人于危险境地，如

图1-48所示。

（4）其他禁止行为

禁止在车站和列车内饮食、禁止携带宠物进站乘车、禁止进入非公共空间、禁止乱扔垃圾等，如图1-49所示。

图1-48 禁止翻越栏杆标志　　图1-49 禁止乱扔垃圾、禁止携带宠物进站乘车标志

3. 禁止吸烟

禁止吸烟标志如图1-50所示。

4. 请勿倚靠、禁止跳下标志

在没有屏蔽门的车站站台，有些乘客因为一些原因跳下轨道，导致人员伤亡事件的发生。也有一些年轻乘客、未成年人为了玩耍，在楼梯、扶梯等高处跳下引发意外事故，如图1-51所示。

禁止跳下标志设置于屏蔽门、车门、垂直电梯门上（可为门框、门对开处以及门中部），上边缘距离地面1.6～1.7m。如图1-51所示。

图1-50 禁止吸烟标志　　图1-51 请勿倚靠标志、禁止跳下标志

5. 请勿抢上抢下标志

该标志一般设置于屏蔽门、车门、垂直电梯上（可为门框、门对开处），如图1-52所示。

6. 禁止入内标志

该标志一般张贴在车站工作区域的大门，面向公共区的设备房门，以及通向隧道的屏蔽门，如图1-53所示。

图1-52 请勿抢上抢下标志　　图1-53 禁止入内标志

禁止吸烟标志

7. 请勿坐卧停留标志

该标志一般张贴在出入口、通道等醒目的墙壁、立柱及玻璃等地方，如图1-54所示。

8. 禁止触摸标志

该标志张贴在不能碰触的运营设备设施旁边，如图1-55所示。

图1-54　请勿倚靠停留标志　　　　　图1-55　禁止触摸标志

9. 禁止攀登标志

该标志张贴在工作用途的禁止乘客攀登的运营设备设施旁边，如图1-56所示。

10. 禁止入洞标志

该标志张贴在没有屏蔽门的车站站台区间通往隧道的墙壁上，禁止乘客由此入洞，避免伤亡事故发生，如图1-57所示。

图1-56　禁止攀登标志　　　　　图1-57　禁止入洞标志

知识点 5　警告标志和提示标志

1. 导入

（1）警告标志

在城市轨道交通车站和列车内，警告标志主要用于提醒人们对周围环境引起注意，以避免可能发生的危险。

针对空间环境的警告有："小心台阶""当心滑倒""当心绊倒""小心碰头"。

针对设备设施的警告有："请勿倚靠""当心夹手""当心触电""请勿触碰"。

按照国家标准《安全标志及使用导则》（GB 2894—2008）规定，警示标志统一使用正三角形,颜色为黄色。其规格尺寸:外边 $a_1 = 0.034L$,内边 $a_2 = 0.700a_1$,边框外角圆弧半径 $r = 0.080a_2$,L 为视线距离,如图1-58所示。

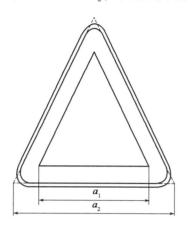

图1-58　警示标志的基本型式

(2)提示标志

在乘客的行进路线上或使用设备设施时,给出必要的提示,告知乘客注意。搭乘扶梯时,提示乘客:"照顾儿童""靠右站立""小心夹脚""紧握扶手";乘坐列车时,告知乘客:"注意列车与站台间缝隙""先下后上"。

2.常见的警告标志

(1)小心夹手标志

张贴位置:设置于屏蔽门、车门、垂直电梯等容易夹到手的地方(可为门框、门对开处),如图1-59所示。

(2)小心碰头标志

张贴位置:设置于楼梯、电梯等容易碰到头的地方(可为楼梯、电梯上方)。如图1-60所示。

图1-59　小心夹手标志　　图1-60　小心碰头标志

(3)当心触电标志

张贴位置:设置于配电柜,裸露开关等其他带电开关处周边或其载体设备上,如图1-61所示。

(4)小心站台间隙标志

尺寸:根据文字排版和滑动门宽度调整,可为滑动门宽。

材质:可移动背胶(滑动门经常要开关,不适合选用厚材质),如图1-62所示。

图1-61　当心触电标志、通道裸露开关处的当心触电标志

张贴位置:张贴在屏蔽门滑动门上。

图1-62　小心站台间隙标志

(5)小心台阶标志

尺寸:根据张贴位置(墙壁、隔离栏杆、台阶)设计。如为墙壁或玻璃栏杆可选择150mm×200mm,若为台阶,可选择横向排版。

材质:地贴、防滑条或可移动背胶。

张贴位置:设置于墙壁、隔离栏杆、台阶上,如图1-63所示。

(6)当心滑倒、当心绊倒标志

张贴位置:设于水渍处、地面隆起处、湿滑处等易产生滑倒、绊倒的地方,张贴于该地方附近的墙壁或立柱上,如图1-64所示。

图1-63　小心台阶标志　　　　图1-64　当心滑倒、当心绊倒标志

3.常见的提示标志

要有效防止乘客在车站内受到意外伤害,除了宣传教育外,做好提示标志也可以起到一定的预防效果。

(1)乘坐自动扶梯的提示标志

①携带大件行李、推婴儿车及行动不便者请使用垂直电梯提示,如图1-65所示。

图1-65　携带大件行李、推婴儿车及行动不便者请用垂直电梯提示

②扶好站稳、紧握扶手提示,如图1-66所示。

图1-66　站好扶稳、紧握扶手提示

③请勿嬉戏打闹、照顾好老人小孩等的提示,如图1-67所示。

图1-67　请勿嬉戏打闹、照顾好老人小孩等的提示

④非紧急情况下请勿按压紧急停止按钮的提示。告知乘客非紧急情况下请勿按压紧急停止按钮,避免因突然的紧急停止,乘客滚落受伤,如图1-68所示。

图1-68　非紧急情况下请勿按压紧急停止按钮的提示

⑤往两侧人少处候车、携带大件行李乘客请前往两端车厢乘车提示。设置在客流较多的滑动门旁固定门上横向中部,或者该处站台地面上,如

图1-69所示。

图1-69　往两侧人少处候车、携带大件行李乘客请前往两端车厢乘车提示

（2）站台候车提示

①请勿冲门、请勿抢上抢下提示，如图1-70所示。

图1-70　请勿冲门、请勿抢上抢下提示

②请站在黄线外候车提示，如图1-71所示。

图1-71　请站在黄线外候车提示

③文明乘车提示。

提示乘客文明乘车，排队候车、不抢上抢下等的标志，如图1-72所示。

图1-72　文明乘车提示

(3)闸机安全提示

采用门式闸机检票,刷一次票闸机门开关一次,只允许一个人通过。如果后面乘客跟随太近,可能导致闸机门无法打开。带领儿童一起进出闸机时,因通行速度慢,也有可能导致儿童被闸机门夹到。因此,在闸机处,需要提醒乘客一要站在黄线外检票,二要注意看护同行的儿童,如图1-73所示。

图1-73 闸机安全提示

知识点6 消防安全标志

消防安全标志根据其功能分为五类:火灾报警装置标志、紧急疏散逃生标志、灭火设备标志、禁止和警告标志、方向辅助标志。

1. 火灾报警装置标志

火灾报警装置标志包括以下三种(图1-74):

(1)消防按钮标志。

(2)发生警报器标志。

(3)消防电话标志。

 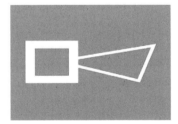 

a)消防按钮标志　　　　b)发生警报器标志　　　　c)消防电话标志

图1-74 火灾报警装置

2. 紧急疏散逃生标志

(1)滑动开门标志。

滑动开门(SL),由绿色和白色组成,指示滑动门的位置及方向。如

图1-75所示。

图1-75 滑动开门标志

(2)推开标志。

推开(PUSH),由绿色和白色组成。该标志置于门上,指示门的推开方向,如图1-76a)所示。

(3)拉开标志

拉开(PULL),由绿色和白色组成。该标志置于门上,指示门的拉开方向,如图1-76b)所示。

a)推开标志　　　　　　b)拉开标志

图1-76 推开标志、拉开标志

(4)击碎板面标志

击碎板面(BREAK TO OBTAIN ACCESS),由绿色和白色组成,提示需击碎板面才能取到钥匙、工具,操作应急设备或开启紧急逃生出口,如图1-77a)所示。

(5)逃生梯标志

逃生梯(ESCAPE LADDER),提示固定安装的逃生梯的位置,如图1-77b)所示。

3.灭火设备标志

灭火设备(FIRE FIGHTING EQUIPMENT),由红色和白色组成,标示灭火设备集中存放的位置,如图1-78所示。

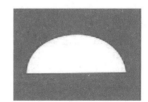

a)击碎板面　　　　b)逃生梯

图1-77 击碎板面标志、逃生梯标志　　　图1-78 灭火设备标志

(1) 手提式灭火器标志

手提式灭火器(PORTABLE FIRE EXTINGUISHER),由红色和白色组成,标示手提式灭火器的位置,如图1-79a)所示。

(2) 推车式灭火器标志

推车式灭火器(WHEELED FIRE EXTINGUISHER),由红色和白色组成,标示推车式灭火器的位置,如图1-79b)所示。

(3) 消防炮标志

消防炮(FIRE MONITOR),由红色和白色组成,标示消防炮的位置,如图1-79c)所示。

a) 手提式灭火器标志　　b) 推车式灭火器

c) 消防炮

图1-79　各种灭火器标志

(4) 消火软管卷盘标志

消防软管卷盘(FIRE HOSE REEL),由红色和白色组成,标示消防软管卷盘、消火栓箱、消防水带的位置,如图1-80所示。

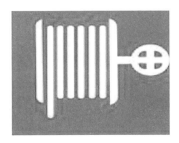

图1-80　消火软管卷盘标志

(5) 地下消火栓标志

地下消火栓(UNDERGROUND FIRE HYDRANT),由红色和白色组成,标示地下消火栓的位置,如图1-81a)所示。

(6)地上消火栓标志

地上消火栓(OVERGROUND FIRE HYDRANT),由红色和白色组成,标示地上消火栓的位置,如图1-81b)所示。

图1-81 消火栓标志

(7)消防水泵接合器标志

消防水泵接合器(SIAMESE CONNECTION),由红色和白色组成,标示消防水泵接合器的位置,如图1-82所示。

4.禁止和警告标志

(1)禁止吸烟标志

禁止吸烟(NO SMOKING),由红色、白色和黑色组成,表示禁止吸烟。如图1-83所示。

图1-82 消防水泵接合器标志　　图1-83 禁止吸烟标志

(2)禁止烟火标志

禁止烟火(NO BURNING),由红色、白色和黑色组成,表示禁止吸烟或各种形式的明火,如图1-84所示。

(3)禁止燃放鞭炮标志

禁止燃放鞭炮(NO FIREWORKS),由红色、白色和黑色组成,表示禁止燃放鞭炮或焰火,如图1-85所示。

图1-84 禁止烟火标志　　图1-85 禁止燃放鞭炮标志

(4)禁止用水灭火标志

禁止用水灭火(DO NOT EXTINGUISH WITH WATER),由红色、白色和黑色组成,表示禁止用水做灭火剂或用水灭火,如图1-86所示。

(5)禁止阻塞标志

禁止阻塞(DO NOT OBSTRUCT),由红色、黑色和白色组成,表示禁止阻塞的指定区域(如疏散通道),如图1-87所示。

图1-86　禁止用水灭火标志　　图1-87　禁止阻塞标志

(6)当心易燃物标志

当心易燃物(WARNING:FLAMMABLE MATERIAL),由黄色和黑色组成,警告来自易燃物质的危险。如图1-88所示。

(7)当心氧化物标志

当心氧化物(WARNING:OXIDIZING SUBSTANCE),由黄色和黑色组成,警示来自氧化物的危险,如图1-89所示。

图1-88　当心易燃物标志　　图1-89　当心氧化物标志

(8)当心爆炸物标志

当心爆炸物(WARNING:EXPLOSIVE MATERIAL),由黄色和黑色组成,警示来自爆炸物的危险,在爆炸物附近或处置爆炸物时应当心,如图1-90所示。

图1-90　当心爆炸物标志

5. 方向辅助标志

(1)疏散方向标志

疏散方向(DIRECTION OF ESCAPE),指示安全出口的方向,由绿色和白色组成,如图1-91所示。

图1-91 疏散方向标志

(2)火警报警装置或灭火设备的方向标志

火灾报警装置或灭火设备的方向(DIRECTION OF FIRE ALARM DEVICE OR FIREFIGHTING EQUIPMENT),指示火灾报警装置或灭火设备的方向;由红色和白色组成,如图1-92所示。

图1-92 火警报警装置或灭火设备的方向标志

知识点7 其他标志

1. 自动扶梯处的标志

(1)自动扶梯是车站常用的客运设施,也是客伤频发的关键控制点,相应的温馨提示、安全警示等必不可少,如图1-93、图1-94所示。

图1-93 当心夹角标志

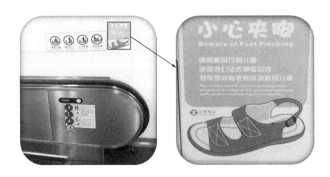

图1-94　小心夹脚标志

（2）携带行李、婴儿推车、使用轮椅等行动不便者的行动指引,如图1-95所示。

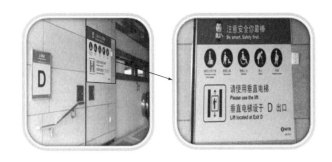

图1-95　行动不便者行动指引

2.垂直电梯处标志

（1）严禁推门、掰门提示,设置在垂直电梯门上,如图1-96所示。

（2）火灾时请勿使用垂直电梯提示,设置在垂直电梯外部墙面处,如图1-97所示。

图1-96　严禁推门、掰门提示　　图1-97　火灾时请勿使用垂直电梯提示

（3）电梯安全使用须知。例如,求助电话、紧急情况下应禁止的行为或自救行为等,设置在垂直电梯内部,于正面或侧面空白处张贴,如图1-98所示。

学习笔记

图1-98　电梯安全使用须知

3. 高架站或站外垂直电梯定位标志

由于设置该类垂直电梯处多为露天，背景比较开阔，因此设置尺寸具体以现场环境为标准，如图1-99所示。

4. 垂直电梯楼层信息指引标志

在乘客搭乘垂直电梯前，告知乘客各层地点信息，以免误乘，如图1-100所示。

图1-99　高架站或站外垂直　　　图1-100　垂直电梯层信息
　　　　电梯定位标志　　　　　　　　　　　指引标志

5. 车厢编号标志

张贴于屏蔽门左上方与边缘平齐，如图1-101所示。

图1-101　车厢编号标志

6. 残疾人轮椅标志

用于提示乘客列车车厢内轮椅停放点，贴在对应列车车厢轮椅停放点的屏蔽门的固定门门框上，如图1-102所示。

图1-102　残疾人轮椅标志

7. 专用通道标志

从通道口开始,沿着进站流线的分叉点安装,或一个方向流线较长则隔30m设置一个,并在专用通道处设置定位标志,如图1-103所示。

图1-103　专用通道标志及使用规定告知

8. 自动售票机标志

购买单程票的乘客需要熟悉购票程序,否则会导致购票队伍排长队,影响站厅客流秩序。所以自动售票机除了购票界面友好外,还需要设置一些提示标志,如图1-104所示。

图1-104　自动售票机上的提示标志

9. 应急标志

应急标志用于车站可预见性大客流情况下的客流引导,根据客流组织、

自动售票机

学习笔记

应急标志

疏导方案确定信息内容,必要时可用图形予以辅助表示。

运营线路可统一客流引导类标志的颜色,采用较为醒目的颜色,如一般客流疏导可采用黄色,在流线拐角点或分岔点布置,安装时应与周边标志集中安装。根据视线距离,上边缘高度宜离地面2.3m。客流提示标志如图1-105所示。

图1-105 客流提示标志

10. 换乘标志

换乘标志如图1-106所示。

图1-106 换乘标志

原则上在具备条件的场所,在客流组织模式明确以后,换乘标志还是以统一规格形式来设置,如图1-107所示。

图1-107 通道处换乘标志

换乘标志

11. 屏蔽门故障告示

当某一扇屏蔽门故障时,贴于该故障滑动门上,告知乘客使用其他门。

尺寸:A4 纸大小,便于车站自行打印。颜色可为灰底白字或黄底黑字,尽量与屏蔽门上其他标示颜色统一,如图 1-108 所示。

12. 车门故障告示

当某一车门故障时,告知乘客使用其他门。

尺寸:A4 纸大小,便于车站自行打印。颜色可为白底黑字或黄底黑字,如图 1-109 所示。

图 1-108 屏蔽门故障告示

图 1-109 车门故障告示

13. 暂停服务告示

相关设备设施故障时,告知乘客请勿使用,如图 1-110 所示。

14. 告示

用于提醒乘客注意事项,使用统一标准模板,版面留出空白,方便输入内容,大小以便于车站打印为宜。设于需要提示乘客注意的地方,可利用告示牌作为载体,如图 1-111 所示。

图 1-110 暂停服务告示

图 1-111 告示

15. 公交接驳标志

用于告知乘客某车站或区间行车故障,××方向采用公交接驳应急方案,如图 1-112 所示。

16. 公交接驳点线路指引标志

用于告知乘客接驳线路,采用鲜艳底衬色。为方便携带,落地式建议采用 X 展架、易拉宝或告示牌等,立于公交接驳点附近,如图 1-113 所示。

图 1-112　公交接驳标志

图 1-113　公交接驳点线路指引标志

17. 公交车运行方向标志

用于告知乘客公交线路方向，采用鲜艳底衬色。尺寸可为 300mm×400mm，硬板。搁置于司机端前方玻璃处，如图 1-114 所示。

图 1-114　公交车运行方向标志

18. 儿童身高测量标志

结合逃票及儿童购票须知设置相应标志，引导乘客主动购票，如图 1-115 所示。

19. 全线出口信息汇总标志

用于补充向乘客提供全线各站的二级信息，以便乘客了解前往的站点。设于售票机附近或换乘站进站闸机周边的立柱，上边缘一般距离地面 1.8～2.3m，如图 1-116 所示。

图 1-115　儿童身高测量标志

图 1-116　全线出口信息汇总标志

20. 换乘站首末班车时间标志

用于告知乘客换乘站末班车时间,以免错过末班车。根据周边环境(如标志、墙面瓷砖规格等)设置,设于出入口玻璃或墙壁、自动售票机附近,如图 1-117 所示。

图 1-117　换乘站首末班车时间标志

21. 盲人标志

为盲人提供特殊符号指引。配合盲道,采用通用的触摸式盲文符号设置。盲文应符合国家标准《中国盲文》(GB/T 15720—2008)的规定。

轨道交通线路各车站的盲文标志的布置位置应尽可能一致,使盲人能够

盲人标志

按照规则发现和使用盲文标志,如图1-118所示。

图1-118　垂直电梯内开关门等按钮上的盲文标志

团队学习空间

【案例】 2010年5月25日上午9时30分左右,在某地铁站A出口处,有两男子利用小推车把大件货物从A处运到B处,违反了"地铁车站严禁利用电扶梯运送货物"的规定。且利用电扶梯运送超大、笨重货物时,因看护不善,导致货物散落,小推车后面的乘客在躲闪避让时发生踩踏事件,事件造成15人受伤,两名肇事人员被警方控制。

※分析以上案例,拓展思路,提出各类客运服务标志如何设置才能取得良好的服务效果。

拓展空间

　　选取你所在城市的某条地铁线路,沿线逐站观察和分析各客运服务标志设置是否合理,并说明理由。若由你负责整改,如何设置?给出方案和理由。

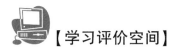

【学习评价空间】

评价内容	评价人	评价结果					评 语
		优	良	中	及格	不及格	
自我学习	自评						
上课表现	教师						
团队学习	组长						
拓展锻炼	教师						

模块二 城市轨道交通客运服务人员礼仪要求

任务一 仪容礼仪

自我学习空间

选择1个世界500强企业进行调查,了解该企业对员工在工作时的仪容要求是怎样的,请详细摘录下来。

【跟我学习空间】

仪容即容貌,由发型、面容及人体所有未被服饰遮掩的肌肤所构成,是个人仪表的基本要素。真正意义上的仪容美,应当是自然美、修饰美和内在美的高度统一。一个人外表整洁卫生、着装得体,会给人以舒服的感觉,并且着装代表一个人的精神面貌,折射出一个人的风采,是留给别人的第一印象。一个人不仅外表要得体大方,风度举止也要好,因为风度举止代表一个人的整体形象和气质。

我们在生活中或社会中都会接触到形形色色的人,所以在举止方面一定要端正,与人交际时要平易近人、自然大方、谦虚谨慎,而且要善于倾听。

知识点1 对服务人员仪容的基本要求

服务人员,顾名思义,就是按照一定标准,给乘客提供相应服务的工作人员。在城市轨道交通系统中,从事此类工作的人员通常被称为城市轨道交通站务员(即站务员)。对站务员的仪容一般有以下基本要求。

1. 干净

仪容包括头发、脸庞、五官、手等,是被人第一眼看见的自身面貌。一个人天生丽质,但如果在某个时刻被发现手指肮脏、体味难闻、装束怪异,也一定不会被大众接受。无论经济条件如何,讲卫生、爱整洁是人保持自尊的一种表现。

面容洁净、清爽会使人看起来亲切和精神十足。男士应养成每日剃须修面的好习惯,鼻毛也应经常检查,不要外露;女士不但要经常检查面部,还要检查四肢或腋下不雅的毛发,及时予以去除。

牙齿是口腔的门面,开怀大笑时露出发黄或发黑的牙齿,会使动人的笑容大打折扣。牙齿上不要留有牙垢,饭后漱口是保证口腔清洁与健康的好方法。此外,保持口气清新也很重要。

眼睛被称为心灵的窗口,所以眼睛一定要保持清亮,眼角一定要洗干净。

耳朵虽然在镜子里出现的次数很少,但保持其干净,不藏污纳垢也非常重要。

人体的皮肤上有330多万个汗腺,平均每平方厘米有9万多个。因此,每个人都有或浓或淡的体味,如果体味过于明显,就应该有所遮掩。勤洗澡或使用去除体味的物品是非常必要的。

2. 整洁

整洁,即整齐、洁净、清爽,要使仪容整洁,重在持之以恒。这一条与自我形象的关系极大。

整洁的要求是穿着整齐、洁净卫生、梳妆大方。在穿着上,有工作服的应该统一着装,没有工作服的要以样式方正、色调和谐、尺寸合体、富有个性为美,并注意勤洗勤换、保持清洁;在梳妆上,既要美丽庄重,又要利于简便梳理;在卫生上,要勤洗澡、勤换衣、勤理发、勤剪指甲,不随地吐痰,上班前不酗酒,不吃生葱、生蒜等带异味的食品,并要注意搞好环境卫生。

3. 端庄大方

一个人的仪容仪表不仅代表着个人的形象气质,更代表着工作单位的形象。对仪容仪表的整体要求是仪容大方、仪表端庄、衣着整洁、精神饱满。因为仪容端庄大方,不仅会给人以美感,而且容易赢得他人的信任。

知识点 2　服务人员仪容修饰的原则和要求

人的仪表在生活中非常重要,它反映出一个人的精神状态和礼仪素养,是人们交往中的"第一形象"。天生丽质的人毕竟是少数,大多数人都要通过化妆修饰、发式造型、着装配饰等手段,弥补和掩盖容貌、形体等方面的不足,并在视觉上把自身较美的方面展露衬托并强调出来,使自己的形象得以美化。

(一)服务人员仪容修饰的原则

服务人员在修饰仪容时一般应遵循以下原则。

1. 自然

自然美是美化仪容的最高境界,某著名化妆师曾说过:"最高明的化妆术,是经过非常考究的化妆,让人看起来好像没有化过妆一样,并且化出来的妆与主人的身份匹配,它自然地表现那个人的个性与气质。"初级的化妆是把人凸显出来,让他醒目,引起众人的注意。拙劣的化妆是一站出来别人就发现他化了很浓的妆,而这层妆是为了掩盖自己的缺点和年龄的。最坏的一种化妆,是化过妆以后扭曲了自己的个性,失去了五官的协调,如小眼睛的人画了浓眉,脸大的人画了白脸,阔嘴的人画了红唇。可见,化妆的最高境界是自然。

2. 美观

美观就是通过仪容的修饰使自己变得更加美丽、端庄,给人留下美丽的印象的同时,也愉悦自己的身心。

3. 协调

协调主要有以下四种:

①妆面协调。妆面色彩搭配、浓淡相宜。

②全身协调。脸部、发型与服饰协调。

③角色协调。在社会中扮演不同的角色时,妆容应不同,如职业人员应端庄稳重。

④场合协调。场合不同,妆容不同。如在生活中,应该化淡妆。生活中浓妆艳抹的人,容易给人留下过于做作的不良印象。

(二)服务人员仪容修饰的要求

1.头发

头发是人体的制高点,很能吸引他人的住意,所以完美的形象应从头开始。

(1)梳洗干净

服务人员的头发必须保持健康、秀美、干净、清爽、卫生、整齐,注意头发的养护、清洗、梳理。头发清洁给人留下干净卫生、神清气爽的印象。披头散发、蓬头垢面则给人萎靡不振甚至缺乏教养的感觉。因此,服务人员无论在工作中还是交际活动中,都要对头发勤于梳理、清洗,保持卫生清洁。

①清洗头发,头发要定期清洗。一般认为,每周应清洗头发两到三次。

②修剪头发,头发的修剪同样需要定期进行。在正常情况下,男士通常应当每半个月左右修剪一次头发,女士可根据自己的情况决定,但至少一个月需要修剪一次。

③梳理头发,梳理头发是每天必做之事,而且往往应当不止一次,凡有必要时都要进行梳理。

如有重要的交际应酬,则应于事前再认真进行一次洗发、理发和梳发,而不必拘泥于以上时限。

(2)长短适度

头发的长短要考虑以下因素:

①性别因素。男女有别,在头发的具体长度上应有所体现。一般认为,女士可以留短发,但却很少理光头。男士的头发可以稍长,但不宜长发披肩。在头发的长度上可以中性化,但不应超过极限。

②身高因素。头发的长度在一定程度上与个人身高有关。以女士留长发为例,头发的长度应与身高成正比。下面就不同身材的女士,头发应修剪的长度进行说明:

a.短小身材的发型。对于身材短小的女士,因为会给人以小巧玲珑的印象,所以其发型从整体比例上看应注意长度印象的建立,不宜留长发,也不宜把头发做得粗犷、蓬松,可利用盘发增加高度,而且要在如何使头发秀气、精致上下工夫。

b.高瘦身材的发型。高瘦身材是比较理想的身材,但容易产生眉目不清的感觉。因此,在选择发型时,应尽量弥补以上不足。这种身材的女士适合留长发,不宜盘高发髻,也不宜将头发剪得太短。

c.矮胖身材的发型。身材矮胖的女士要尽可能弥补自身的缺点。在发型的设计上要强调整体发式向上,可选用有层次的短发发型,不宜留长波浪、长直发。

③年龄因素。头发的长度受人的年龄影响。例如,一头飘逸披肩的秀发

在少女头上相得益彰;而若一位年逾70岁的老年人头发及肩,则会显得格格不入。

④职业因素。职业对头发的长度影响很大,不同职业要求不同的头发长度。城市轨道交通服务人员应根据自己的职业特点选择头发的长短。

a. 男性服务人员的发型选择。长短适中,不宜过长,前发不要过双眉,侧发不掩耳,后发不及衣领,不留大鬓角,不剃光头,不过分追求时尚,更不能标新立异。刘海和鬓角不可过长,发尾不可超过衬衫领口,需要时适当地涂抹发胶。

b. 女性服务人员的发型选择。长发应束起盘于脑后,保持两鬓光洁,无耳发。刘海可卷可直,但必须保持在眉毛上方。任何发型均应使用发胶定型,不得有蓬乱的感觉。

c. 佩戴帽子与发饰要求。男性服务人员帽檐边与眉毛保持水平,不露出刘海。女性服务人员帽檐在额头的1/2处,不露出刘海,两侧不留耳发,发花与后侧帽子边沿相贴合。发饰只宜选择黑色且无花色图案的发卡。

(3)发型的选择要得体

发型是构成仪容美的重要内容。美观的发型能给人一种整洁、庄重、洒脱、文雅、活泼的感觉。服务人员应根据自己的发质、服装、身材、脸型等选择合适的发型,扬长避短,增加人体的整体美。

①发型要与发质相协调。发质细软的人不宜留过长的直发,可选择中长发或俏丽的短发,还可以把头发烫卷,产生蓬松感。发质较硬的人不宜选择太短的发型,宜采用不到肩的短发或肩以下的长发。

②发型要与服饰相协调。在工作场合,女性身着套装,可将头发挽在颈后,低发髻显得端庄、干练。在运动场上,身穿运动服时,可将头发扎成高高竖起的马尾,显得青春、活泼和潇洒。在晚会或宴会上着晚礼服时,梳个晚妆发髻,可显出高雅华丽的气质。

2. 脸部

仪容在很大程度上指的是人的面容。由此可见,面容修饰在仪容修饰中的作用举足轻重。修饰面容时,首先要做到面必洁,即勤于洗脸,使之干净清爽,无汗渍、无油污、无泪痕、无其他任何不洁之物。每天仅在早上起床后洗一次脸是远远不够的,在午休后、用餐后、出汗后、劳动后、外出后,都需要即刻洗脸。修饰面容,具体到各个不同的部位,还有一些不尽相同的要求。

一个人的面部从上到下,主要是以下几个方面的要求:眼睛、鼻子、胡须、脖颈。

(1)眼睛

眼睛是人际交往中被他人注视最多的地方,自然也是修饰面容时的首要之处。

①保洁。保洁主要是指眼部分泌物的及时清除,对于这一点,应随时注意。另外,若眼睛患有传染病,应自觉回避社交活动,以免让他人提心吊胆(如红着眼睛,别人可能会以为你非常生气,处于暴怒状态)。

②修眉。如果感到自己的眉形或眉毛不雅观,可进行必要的修饰,但不提倡文眉,更不要剃去所有眉毛,刻意标新立异。

③眼镜。眼镜的选择要满足美观、舒适、方便、安全的要求,而且应保持其洁净。

(2)鼻子

平时应注意保持鼻腔清洁,不要让异物堵塞鼻孔,或是让鼻涕流淌;不要随处吸鼻子、擤鼻涕,更不要在他人面前挖鼻孔。男士参加社交应酬之前,勿忘检查鼻毛是否长出鼻孔,一但出现这种情况,应及时进行修剪。

(3)胡须

唇周长有胡须,是男性的生理特点。男士若无特殊宗教信仰和民族习惯,最好不要蓄须并应经常及时地剃须。若女士因内分泌失调而长出类似胡须的汗毛,则应及时治疗并予以清除。

(4)脖颈

脖颈与头部相连,属于面容的自然延伸部分。修饰脖颈,一是要防止其皮肤过早老化,与面容产生较大反差(面部会产生皱纹,颈部也会。同龄人当中,颈纹更加明显的人,看上去更衰老),二是要使之经常保持清洁卫生,不要只顾脸面,不顾其他。脸上干干净净,脖子上,尤其是脖子后藏污纳垢,与脸部反差过大,那是非常失态的。

3. 口腔

(1)口腔护理

不洁的牙齿被认为是交际的障碍。牙齿洁白,口腔无味,是修饰口腔的基本要求。要做到这一点,一是要每天刷牙,做到"三个三",即三餐刷,饭后3分钟内刷,每次不低于3分钟;二是经常用漱口水、洗牙等方式保护牙齿,少抽烟,少喝酒。

正确刷牙的方法是:先将牙刷毛放在牙齿与牙龈交界处,刷毛指向牙根方向,且与牙齿表面成45°角。原位水平颤动,然后顺着牙缝竖刷,应将牙齿的各个部位都刷到。此外,也可以采用在牙面画圆周的方法来刷牙。

(2)禁止异响

社交礼仪规定,人体内发出的所有声音,如咳嗽、哈欠、喷嚏、吐痰、清嗓、吸鼻子、打嗝等统称为异响,在社交场合禁止出现。禁止异响重在自律,不必强求于人,如他人在大庭广众之下不慎制造了异响,最明智的做法就是视而不见。若本人不慎制造了异响,最好及时承认,并向身边的人道歉,不要装作若无其事,否则会显得没有教养。

4. 耳朵

在洗澡、洗头、洗脸时,不要忘记清洗耳朵。必要时还须清除耳孔中不洁的分泌物,但不能在他人面前这么做。有些人,特别是一些上了年纪的人,耳毛长得较快,甚至会长出耳孔,在必要时,应对其进行修剪。

学习笔记

5. 手臂和腿部

（1）手臂

在正常情况下，手臂是人际交往中动作最多的一个部位，而且其动作往往被附加了多种多样的含义。修饰手臂的问题，可以分为手掌及首饰佩戴、肩臂与汗毛三个方面。

①手掌及首饰佩戴。在日常生活中，手是接触其他人、其他物体最多的部位，出于清洁、卫生、健康的角度考虑，手更应当勤于清洗。手指甲应定期修剪，尽量不要留长指甲，因为它不仅毫无实用价值，而且不美观、不卫生、不方便。修剪手指甲，应令其不超过手指指尖。指甲外形不美时，也可进行修饰。有时，在手指甲周围会产生死皮，若发现死皮，应立即将其修剪掉。需注意，客运服务人员不应涂艳丽的指甲油。

女士的手部首饰一般有以下两种。

戒指：戒指通常戴在左手上，食指代表单身，中指代表恋爱中，无名指代表已订婚或者结婚，小指代表独身主义者。一般情况下，戴两枚或以上的戒指是不适当的。

手镯、手链：两臂同时佩戴表明已婚，只戴右臂表明自己是自由而不受约束者，一只手上不能同时戴两只。

关于首饰的佩戴，应遵循以下几个原则：

a. 数量上以少为佳。

客运服务人员佩戴饰品时数量宜少，必要时可不戴。若想要同时佩戴多种首饰，其上限一般为三种，即不应当在总量上超过三种。除耳环、手镯外，最好不要使佩戴的同类首饰超过一件。有句话这样描述佩戴首饰过多、过杂的人："远看像一棵圣诞树，近看像一间杂货铺。"由此可见，一个人如果首饰佩戴数量太多，彼此之间不协调，则会给人以烦琐、凌乱、俗气的感觉。

b. 色彩力求同色。

佩戴首饰时色彩的规则是力求同色。若同时佩戴两件或两件以上首饰，应保持其色彩一致。佩戴镶嵌首饰时，应使其主色调保持一致。千万不要佩戴几种色彩斑斓的首饰，不仅颜色很杂，还会把佩戴者打扮得像一棵"圣诞树"。

c. 质地遵从同质。

佩戴首饰时，质地上的规则是争取同质。若同时佩戴两件或两件以上首饰，应使其质地相同。佩戴镶嵌首饰时，应使其被镶嵌物质地一致，托架也应力求一致。这样的好处在于，能令其总体上显得协调一致。

d. 符合身份。

佩戴首饰时，要令其符合身份。选戴首饰时，不仅要照顾个人爱好，更应当使之服从于本人身份，要与自己的性别、年龄、职业、工作环境保持大体一致，不宜使之相去甚远。

e. 首饰要为体型扬长避短。

佩戴首饰时，体型上的规则是要使首饰为自己的体型扬长避短。选择首饰时,应充分正视自身的形体特色,努力使首饰的佩戴为自己增加美感。

f. 与季节相吻合。

佩戴首饰时,所戴首饰应与季节相吻合。一般而言,季节不同,所戴首饰也应不同。金色、深色首饰适于冷季佩戴,银色、艳色首饰则适合暖季佩戴。

g. 与服饰相协调。

佩戴首饰时,搭配的规则是要尽力使服饰协调。应将佩戴首饰视为服装整体上的一个环节。要兼顾同时穿着的服装的质地、色彩、款式,并努力使之在搭配、风格上相互般配。

h. 遵从当地习俗。

佩戴首饰时,应遵守当地习俗。不同的地区、不同的民族,佩戴首饰的习惯做法多有不同。对此一是要了解,二是要尊重。佩戴首饰不讲习俗,是万万行不通的。

②肩臂。修饰肩臂,最重要的一条就是着装时前臂的露与不露,应依照具体场合而定。在非常正式的政务、商务、学术、外交活动中,人们的手臂,尤其是肩部,不应当裸露在衣服之外。也就是说,在这些场合,不宜穿着半袖或无袖装。

③汗毛。因个人生理条件的不同,有个别人手臂上汗毛生长得过浓、过重或过长,最好是采用适当的方法进行脱毛。

(2)腿部

修饰腿部,应当注意三个问题,即脚部、腿部和汗毛。

①脚部。客运服务人员在正式场合不允许光脚穿鞋。应注意保持脚部的卫生,鞋子、袜子要勤洗勤换,脚要每天洗。脚指甲要勤于修剪,不应任其藏污纳垢,或是长于脚趾趾尖。

②腿部。在正式场合,不允许男士的着装暴露腿部,也就是说不允许男士穿短裤或者卷起裤管。女士可以穿长裤、裙子,但不得穿短裤,或是暴露大部分大腿的超短裙。在正式场合,女士的裙长应过膝部以下。女士在正式场合穿裙子时,不允许光腿不穿袜子。

③汗毛。男士成年以后,腿部汗毛大都过重,所以在正式场合不允许穿短裤或是卷起裤管。女士若因内分泌失调导致腿部汗毛变浓变黑,则最好脱去或剃除;或者选择深色丝袜加以遮掩。

知识点3 服务人员的卫生习惯

1. 公共场合应养成的卫生习惯

(1)不当众梳洗。服务人员特别忌讳当众梳理头发、修剪指甲和化妆,以及清理耳朵、眼睛、鼻子、牙齿。最好带面巾纸擦汗、眼、鼻,且应整理好,不可乱丢。

(2)避免身体发出异响和异味。打喷嚏或咳嗽时,服务人员应转头避人,用纸巾捂住口鼻,完成后应向人轻声说对不起。打嗝时,服务人员应小声说请原谅。打哈欠,无论用什么方式都是失礼的,出声、动作夸张则更失礼。

(3)不用手抓挠身体的任何部位。客运服务人员应做到不摸手、不抠弄手指、不碰双膝、不敲打桌椅、不抠鼻、不抠耳、不剔牙等。

(4)禁止吸烟。公共场合,服务人员应自觉禁烟。若地方允许,服务人员应注意标识,且考虑是否会影响他人,不乱吹烟,烟灰要弹入烟灰缸内,注意防火。

(5)不当众整理自己,服务人员忌穿脱随意、拉领带、松腰带、拉裤腿、松鞋放风等。

2.应定期检查仪容

服务人员定期检查仪容的内容包括:牙缝里是否嵌有异物,妆容是否走样,口气是否清新,香水、剃须水是否适量,肩上有无头皮屑,拉链是否拉好,衬裙、袜口是否露出,丝袜是否跳线,衣服是否脏污等。

知识点4　服务人员的行为习惯

1.行为习惯的特点

行为习惯是行为和习惯的总称,综合心理学家的解释,行为习惯具有如下几个特点:

(1)行为习惯是自动化的行为方式。

(2)行为习惯是在一定时间内逐渐养成的,它与人后天条件反射系统的建立有密切关系。

(3)行为习惯不仅仅是自动化了的动作或行为,也包括思维的或情感的内容。

(4)行为习惯满足人的某种需要,由此可见,行为习惯可能起到积极和消极的双重作用。

2.培养良好行为习惯的要求

(1)慎重选择。行为习惯有好有坏,要想养成良好的行为习惯,应先分清行为习惯的好坏,慎重选择。例如,勤奋学习是好习惯,知恩图报是好习惯,遵纪守法是好习惯,而拖拉是坏习惯,好吃懒做是坏习惯。

(2)注重细节。说话、走路、吃饭等生活细节,看起来是小事,但是如果不注意,一旦养成不良的行为习惯就会影响他人,甚至会影响企业或国家的形象。例如,某人走进一间屋子,砰的一声把门关上,一旦习以为常,就成为一种妨碍他人的不良习惯。

(3)持之以恒。行为习惯不是一天就能养成的,它是经后天积累慢慢形成的,良好行为习惯的养成需要持之以恒的精神。例如,许多人都知道吸烟是坏习惯,便试着戒烟,但很多人都戒不掉。因为习惯一旦养成,改起来很不容易,需要恒心和毅力。良好的行为习惯是人生的主宰,要想拥有它绝对不能少了"恒"字。

(4)榜样的力量。以拥有良好行为习惯的人为榜样,时时检查自己、矫正自己的不良言行。

(5)自我磨砺。美玉是雕琢磨砺出来的,好的行为习惯也是磨出来的。一粒沙子要想成为一颗美丽的珍珠,就必须经受种种痛苦的磨砺。磨砺造就成功人生!

团队学习空间

针对以下案例进行分析思考,并在小组内进行讨论。

【案例1】 女性化妆有着悠久的历史。在大英博物馆里珍藏着一个化妆盒,该化妆盒里有象牙梳、火山石、用来盛化妆品的小罐、润肤膏等。经考证,这个化妆盒是1400年前古埃及的一位女性的。爱美之心人皆有之,俗话说,三分人才,七分打扮。有人认为,装扮自己既是一种自我美丽,也是一种对别人的尊重。但也有人反对这种违背本色,靠化妆品展现出来的"假我"的做法。

※小组讨论:
你认为女性该不该化妆?为什么?

【案例2】 一天,黄先生与两位好友小聚,来到某知名酒店。接待他们的是一位五官清秀的服务员,该服务员的接待服务工作做得很好,但是她显得没有精神,仔细留意发现,这位服务员没有化工作妆,在餐厅昏黄的灯光下显得病态十足。上菜时,黄先生又突然看到传菜员涂的指甲油缺了一块,他的第一反应是不知指甲油是不是掉到了菜里。但为了不打扰其他客人用餐,黄先生没有将他的怀疑说出来。用餐结束后,黄先生叫柜台内的服务员结账,而服务员却时不时对着反光玻璃墙面修饰自己的妆容,显得三心二意。自此以后,黄先生再也没有去过这家酒店。

※小组讨论:
1. 本案例中的服务员在仪容上存在哪些问题?
2. 本案例对你有哪些启示?

拓展空间

知识链接1　　修眉的基本步骤及注意事项

1. 修眉的基本步骤

(1) 正向面对镜子,将笔刷平放在两眉上方,检查两边眉峰的高度,如果两边高度差别超过0.3厘米,才需要修;尤其是初学修眉,不建议修整眉峰,以免破坏完整眉形。

(2) 将眉眼间的大范围杂毛用安全剃刀剃除。

(3) 用镊子拔除靠近眉毛处的细小杂毛,拔的时候要夹紧根部,顺向拔起。注意拔除边缘的杂毛即可,拔太多会让眉毛产生空隙。

(4) 利用眉梳或眉刷,由眉头向眉峰的位置,将眉毛梳顺。

(5) 眉峰到眉尾的眉毛往下梳。

(6) 利用弯型剪刀,把梳整后的眉毛边缘修剪出整齐的弧线。

(7) 如果眉毛太长,可用钢梳将眉毛挑起后剪短。

(8) 将眉毛与发际之间的汗毛剃除干净。

(9) 如果眼尾的C字部位有明显的汗毛,也要剃除,这样才会让妆容显得干净。

(10) 两眉之间的杂毛也要修干净。

2. 修眉的注意事项

(1) 避免用眉夹夹眉毛,因为它会使眼皮松弛,并且会引起毛囊发炎。

(2) 多修眉毛下面,少动眉毛上面,只需把眉毛上面修整齐即可,这样会有眉开眼笑的视觉效果。

(3) 不可让眉毛过于长,因为过长的眉毛会缺少女性柔美的感觉。

(4) 眉距一定要保持一只眼睛的大小,这样可以平衡五官。

(5) 修眉过后,记得做调肤、润肤保养。

知识链接2　　化淡妆的基本步骤及注意事项

1. 化淡妆的基本步骤

基 本 步 骤	注 意 事 项
(1)打粉底 	(1) 粉底选择要适合自己的肤色; (2) 用海绵或手指取适量粉底涂抹均匀,注意面部与脖子的衔接; (3) 底妆要达到调整肤色、遮盖瑕疵、皮肤光亮的效果

拓展空间

续上表

基本步骤		注意事项
(2)画眼线		(1)画眼线时要贴着睫毛根部描画,淡妆眼线稍细些; (2)上眼线从内眼角向外眼角画,下眼线从外眼角向内眼角画
(3)刷睫毛		(1)睫毛膏以黑色、深棕色为宜; (2)刷睫毛时先将睫毛用睫毛夹夹翘,然后均匀涂抹睫毛膏
(4)描眉毛		(1)用眉笔顺着眉毛的生长方向进行描画; (2)用眉刷定型,最好用深棕色、浅棕色眉笔,切不可将眉毛描成一条重重的黑色
(5)上腮红		(1)腮红应涂在微笑时面部的最高点,均匀晕染; (2)皮肤白的人一般选用粉色;肤色较深的人一般选用桃红色或珊瑚色; (3)如皮肤比较红润,腮红可以省略
(6)涂唇膏		(1)通常使用白色或液体唇膏来保持唇部湿润,并使唇膏颜色保持持久; (2)唇膏的颜色一般要与腮红颜色保持协调,它们的颜色应属同一色系; (3)为避免唇膏时间长后产生化开的现象,可以在涂唇膏前先画唇线,但要注意应与唇膏颜色一致

拓展空间

2.化淡妆的注意事项

(1)使用与自己肤色、制服颜色相协调的颜色。

(2)脸色不好时一定要用粉底与腮红掩盖。使用液体粉底可以使皮肤看起来细腻。在使用粉底时注意不要让脸部与头部有明显的分界线。用海绵上妆可以使化妆匀称。

(3)要在饭后补妆,保持妆容整洁。注意脸部的油脂,特别是"T"区内,要定时用吸油纸或纸巾擦干,补妆应在洗手间完成。

(4)要讲究化妆品的卫生,化妆用具要经常清洗,不能借用他人化妆品和化妆用具。

【小贴士】

上过妆的脸,在晚上一定要卸妆后再入睡。用专用的卸妆液将妆容卸掉后,仔细用洗面奶将残留的化妆品清洗干净。卸妆时不可太过用力,尤其是眼部。卸妆起到保护皮肤的重要作用,因此不能省略。

3.不同脸型的化妆技巧

(1)椭圆脸

椭圆脸是公认的理想脸型,化妆时无须太多掩饰,应注意保持其自然形状。腮红应涂在颧骨的最高处,再向上向外揉化开去。唇膏(除嘴唇唇形有缺陷外)应尽量按自然唇形涂抹。描眉毛时,可顺着眼睛的轮廓修成弧形,眉头应与内眼角对齐,眉尾可稍长于外眼角。

(2)长脸

脸型偏长的人,在化妆时需要增加面部的宽度效果。涂抹腮红时应注意离鼻子稍远些,在视觉上拉宽面部,可沿颧骨的最高处与太阳穴下方所构成的曲线部位,向外、向上抹开去。上粉底时,若双颊下陷或者额部窄小,应在双颊和额部涂以浅色调的粉底,造成光影,使之变丰满。眉毛的位置不宜太高,眉毛尾部切忌高翘,修正时应令其成弧形,切不可有棱有角。

(3)圆脸

圆脸给人可爱、玲珑之感,若要修正为椭圆形并不困难。腮红可从颧骨起涂至下颌部,注意不要简单地在颧骨突出部位涂成圆形。唇膏可在上嘴唇涂成浅浅的弓形,不能涂成圆形的小嘴状,以免有圆上加圆之感。利用粉底在两颊造阴影,使圆脸显得消瘦一点。选用暗色调粉底,沿额头靠近发际处起向下窄窄地涂抹,至颧骨部下可加宽涂抹的面积,造成脸部亮度自颧骨以下逐步集中于鼻子、嘴唇、下巴附近部位。眉毛可修成自然的弧形,做少许弯曲,不可太平直或有棱角,也不可过于弯曲。

拓展空间

(4) 方脸

方脸型的人以双颊骨突出为特点,因而在化妆时,要设法加以掩饰,增加柔和感。腮红宜涂抹得与眼部平行,在颧骨稍下处向外揉开,切忌涂在颧骨最突出处。利用暗色调粉底在颧骨最宽处造成阴影,令其方正感减弱,下颌部宜用大面积的暗色调粉底造阴影,以改变面部轮廓。唇膏可涂丰满一些,强调柔和感。眉毛应修得稍宽一些,眉形可稍带弯曲,不宜有角。

(5) 三角脸

三角脸的特点是额部较窄而两腮较阔,整个脸部呈上小下宽状。化妆时应将下部宽角"削"去,把脸型变为椭圆状。腮红可由外眼角处向下抹涂,令脸部上半部分拉宽一些。可利用较深色调的粉底在两腮部位涂抹、掩饰。眉毛宜保持自然状态,不可太平直或太弯曲。

(6) 倒三角脸

倒三角脸型的特点是额部较宽大而两腮较窄小,呈上阔下窄状。人们常说的"心形脸"即指这种脸型。化妆时,需要修饰部分恰恰与三角脸相反。腮红应涂在颧骨最突出处,而后向上、向外揉开。可利用较深色调的粉底涂抹在过宽的额头两侧,而用较浅的粉底涂抹在两腮及下巴处,造成掩饰上部、突出下部的效果。宜用稍亮些的唇膏以加强柔和感,唇形宜稍宽厚些。描眉毛时应顺着眼部轮廓修成自然的眉形,从眉心到眉尾由深渐浅,眉尾不可上翘。

【学习评价空间】

1. 专项实操考核

(1)考核主题:女性客运服务人员的淡妆实操考核。

(2)考核前准备:粉底、眼影、眼线笔、眉笔、腮红、睫毛膏、睫毛夹、唇膏等。

(3)实操考核评分表:

考核项目	考核要求	分值	得分
基础底妆	(1)打底工具选用正确	10分	
	(2)上底妆时涂抹均匀	10分	
眼部化妆	(1)眼线涂抹均匀,无残缺	10分	
	(2)正确使用睫毛夹和睫毛膏,睫毛涂抹不打结	10分	
	(3)眉毛:选用色彩合适的眉笔,眉形搭配合理	10分	
涂腮红	腮红色彩选择恰当,晕染均匀	10分	
涂唇膏	色彩与腮红色系一致,轮廓饱满明亮	10分	
整体效果	(1)发型标准、规范	10分	
	(2)妆面整体效果干净美观	10分	
	(3)化妆时间不多于10分钟	10分	

2. 任务学习评价

评价内容	评价人	评价结果					评语
		优	良	中	及格	不及格	
自我学习	自评						
上课表现	教师						
团队学习	组长						
拓展锻炼	教师						

任务二 仪表礼仪

自我学习空间

请你利用网络,收集整理出面试、商务谈判两种正式场合适用的男士西服及女士职业装的照片和简要文字介绍。

【跟我学习空间】

知识点 1　仪表修饰应遵循的原则

成功的仪表修饰一般应遵循以下原则。

1. 适体性原则

适体性原则要求仪表修饰遵循与个体自身的性别、年龄、容貌、肤色、身材、体形、个性、气质及职业身份等相适宜和相协调。例如，男士去参加面试，一定需要着深色正装，而不能穿白色西装配粉色衬衣，这样显得非常不严肃。

2. 时间、地点、场合原则

时间(time)、地点(place)、场合(ocasion)原则简称 TPO 原则，即要求仪表修饰因时间、地点、场合的变化而相应变化，使仪表与时间、环境、氛围等特定场合相协调。

从时间上讲，一年有春、夏、秋、冬四季的交替，一天有 24 小时变化，在不同的时间里，着装的类别、式样、造型应因此而有所变化。例如，冬天要穿保暖、御寒的冬装，夏天要穿透气、吸汗、凉爽的夏装。外出穿的衣服需要面对他人，应当合身、严谨；居家穿的衣服不为外人所见，应当舒适、随意。

从地点上讲，置身在室内或室外，驻足于闹市或乡村，停留在国内或国外，身处单位或家中，在不同的地点，着装的款式理当有所不同，切不可以不变应万变。例如，穿泳装出现在海滨、浴场，是人们司空见惯的；但若是穿着它去上班、逛街，则令人哗然。在国内，一位少女只要愿意，随时可以穿背心、超短裙，但她若是以这身行头出现在着装保守的阿拉伯国家，就显得有些不尊重当地人了。

从目的上讲，人们的着装往往体现其一定的意愿，即自己对着装留给他人的印象如何，是有一定预期的。着装应适应自己扮演的社会角色，若不讲其目的性，在现代社会中是不大可能的。服装的款式在表现服装的目的性方面发挥着一定的作用。你的穿着打扮必须要考虑是什么季节、什么特定的时间，如工作时间、娱乐时间、社交时间等；必须考虑要去的目的地、场合，工作场合需要工作装，社交场合则穿正装。而且要考虑的目的性，如为了表达自己悲伤的心情，可以穿着深色的衣服等。由此得知，一个人身着款式庄重的服装前去应聘新职、洽谈生意，说明他郑重其事、渴望成功。而在这类场合，若选择款式暴露的服装，则表示自视甚高，对求职、生意的重视远远不够。

3. 整体性原则

整体性原则要求仪表修饰先着眼于人的整体，再考虑各个局部的修饰，使修饰与人自身的诸多因素协调一致、浑然一体，营造出整体的风采。

学习笔记

4. 适度性原则

适度性原则要求仪表修饰无论是在修饰程度还是在饰品数量和修饰技巧上都把握分寸,自然适度,追求刻意雕琢但不露痕迹的效果。

知识点 2　男士西服的穿着

男士西装穿着规范

1. 男士西服穿着规范

(1) 整体要求。西服合体,熨烫平整、整洁挺括。男士穿着不求华丽、鲜艳,衣着不宜有过多的色彩变化,大致不要超过三色。

(2) 衬衫选择。正装衬衫应为纯色,以浅色为主,白色最常用。衬衫领口挺括、洁净,衬衫衣领高于西服衣领1.5厘米左右;垂臂时,西服袖口长于衬衫袖口;抬臂时,衬衫袖口长于西服袖口1.5厘米左右,以显示西服层次。

(3) 领带的标准。领带是西服的灵魂,在正式场合,男士要打领带。领带有单结、双结、温莎结等系法,领带长度以在皮带扣处为宜。

(4) 纽扣系法。西服分单排扣和双排扣,单排3粒扣西服系上方两粒或中间一粒,两粒扣西服系上方一粒,双排扣西服扣子全部扣上。

(5) 西裤。西裤长度以触到脚背为宜,裤线熨烫好,裤扣扣好,拉链拉好。

(6) 西服口袋。上衣和西裤后侧口袋尽量不放物品,名片、笔等轻薄物品可放在西服左侧内侧口袋。

(7) 鞋袜。穿西服应配黑色袜子、黑色皮鞋。鞋面应清洁光亮,袜筒不易过矮。

2. 男士西服穿着禁忌

一忌西裤过短,二忌衬衫放在西裤外面,三忌不扣衬衫扣,四忌抬臂时西服袖口长于衬衫袖口,五忌西服的衣、裤袋内鼓鼓囊囊,六忌领带太短(一般长度为领带尖盖住皮带扣),七忌西服上装所有扣都扣上(双排扣西服则应都扣上),八忌西服配便鞋(休闲鞋、球鞋、旅游鞋、凉鞋等)。

男士西装的错误穿着示范

知识点 3　女士职业装的穿着

职业女性在衣着打扮上必须十分注意服装与自己所从事职业的协调性,要求能体现职业女性的气质。

1. 女士职业装的选择

(1) 职业套装应选择质地上乘的面料,上衣与裙子应使用一种面料。例如,穿着光亮质感的职业装,整个人的气质会受到影响,给人以不端庄的感觉。

(2)职业套裙的色彩选择应淡雅、庄重,不宜选择过于鲜亮的色彩。套裙要与工作环境相协调,选择以浊色调、冷色调为主,上下身色彩可一致,也可选择两种不同颜色。

(3)西装套裙款式。西装套裙款式很多,如西服裙、一步裙、筒裙、A字裙等。

(4)职业装款式有职业套裙、职业套裤、分身半职业装、束腰职业装等。

2. 女士职业装穿着规范

(1)上衣。上衣讲究平整挺括,较少使用饰物和花边进行点缀,纽扣应全部系上。

(2)裙子。以窄裙为主,年轻女性的裙子下摆可在膝盖以上3~6厘米,但不可太短;中年女性的裙子应在膝盖以下3厘米左右。裙子里面应穿着衬裙。真皮或仿皮的西装套裙不宜在正式场合穿着。

(3)衬衫。以单色为最佳之选。衬衫的下摆应掖入裙腰之内而不应悬垂于外,也不要在腰间打结;衬衫的纽扣除最上面一粒可以不系外,其他纽扣均应系好。

(4)鞋袜。鞋子应是高跟鞋或中跟鞋,款式应以简单为主。袜子应是高筒袜或连裤袜,一般不要选择鲜艳、带有网格或有明显花纹的丝袜。丝袜颜色应与西装套裙相搭配。穿西服套裙应穿肉色丝袜,配正装船鞋;穿裤装应配矮腰丝袜、船鞋。

(5)配饰。正式场合配饰要考究,不佩戴粗制滥造的饰物,要求质地、做工考究,避免佩戴发光、发声、艳丽、夸张的饰物。手提包、首饰、袜子、丝巾、胸花等配饰要具有整体美感。

3. 女士职业装的穿着禁忌

(1)不要穿过于性感和暴露的服饰。

(2)薄纱型衣、裙、裤,因其透光性较强,穿着时需有内衬,不然会显得十分不雅。对于外国朋友来说,"透"比"露"更难以让人接受,因为在他们看来,"透"不仅有碍观瞻,而且显得穿戴者有不自爱之嫌。

(3)袜子是女性腿部的时装,要注意不应穿着跳丝、有洞或补过的丝袜外出。另外,袜子的大小松紧要合适,不应往下掉,或显得一高一低,当众整理袜子则有失体统。

知识点 4 制服的穿着

制服标志着职业特色。它的设计充分考虑了穿着者从事的职业和身份,与环境相配,有一种美的内涵。任何公司都有自己的制服,通过一件制服可以看到一个人的职业形象,也可以展现公司的精神面貌。穿上醒目的制服不但易于他人辨认,而且使穿着者有一种自豪感和责任感。

女士职业装选择

女士职业装的错误穿着示范

制服展现了公司的形象。因此,在穿着制服的时候,要注意自己的仪容仪表,使自己的形象、举止符合制服应表现出的形象。制服的美观既突出了员工的精神面貌,也反映了企业的管理水平和卫生状况。

1. 制服的穿着要求和规范

(1)外观整洁。制服应平整挺括、完好无损、干净卫生、无异味,避免褶皱。

(2)文明着装。应避免穿着过分裸露、过分瘦小的服装。

(3)穿着搭配得当。配饰搭配以少而精为主,色彩、款式不超过三种;丝巾领带佩戴要规范;鞋袜按正装标准穿着。

2. 制服穿着注意事项

(1)在穿制服时不宜佩戴镶宝石的装饰品,如手镯、悬垂挂件、装饰戒指、胸针、脚链等。

(2)工作时不得佩戴两枚以上超过5毫米的戒指。

(3)耳针的大小不许超过黄豆粒或3毫米,不许有悬垂物。

(4)工作时不能佩戴装饰项链、珍珠项链等较夸张的饰物,最好佩戴一条素链。

(5)头上不得佩戴发圈和有颜色的发夹。

团队学习空间

请利用网络,查找职业场合着装的禁忌及其详细解释,整理好写下来。同时,针对所整理出的每条职业场合着装禁忌,举出一个对应的实例。

拓展空间

 知识链接　　　　常用的领带打法

【平结, Plain Knot】

平结是男士们选用最多的领带打法,几乎适用于各种材质的领带。完成后,领带呈斜三角形,适合窄领衬衫。

造型要诀:

宽边可在左手边,也可换右手边;在形成凹凸情况下,尽量让两边均匀且对称。

平结打法图示:

【温莎结, Windsor Knot】

温莎结是因温莎公爵而得名的领带结,是最正统的领带打法。打出的结呈正三角形,饱满有力,适合搭配宽领衬衫。该种打法应避免使用材质过厚的领带。

造型要诀:

宽边先预留较长的空间,绕带时的松紧会影响领带结的大小。

温莎结打法图示:

拓展空间

【半温莎结(十字结), The Half-Windsor Knot】

半温莎结最适合搭配尖领及标准式领口系列衬衣,它比温莎结小,系好后的领结通常位置很正。

造型要诀:

使用细款领带较容易上手,适合不经常打领带的人。

半温莎结打法图示:

【交叉结, Cross Knot】

交叉结特点在于打出的结有一道分割线,适用于颜色素雅且质地较薄的领带。

造型要诀:

注意按步骤打完领带时是背面朝前。

交叉结打法图示:

【四手结, The Four-In-hand】

四手结是所有领结中最容易上手的,适合宽度较窄的领带,搭配窄领衬衫,风格休闲,适用于普通场合。它通过四个步骤就能完成打结,故名为"四手结"。

造型要诀:

打法图示中宽边在左手边。

四手结打法图示:

【学习评价空间】

1. 专项实操考核

(1)考核主题:常用领带打法。

(2)考核前准备:一名学生穿着衬衫作为模特,领带1条。

(3)实操考核评分表:

考核项目	考核要求	分值	得分
选择领带打法	(1)适合自己的衬衫衣领	20分	
	(2)适合场合	10分	
打领带过程	(1)自己独立完成,不需要参照图解	20分	
	(2)领带打法正确,并在10分钟之内完成	20分	
	(3)打好后的领带美观,松紧合适	30分	

2. 任务学习评价

评价内容	评价人	评价结果					评语
		优	良	中	及格	不及格	
自我学习	自评						
上课表现	教师						
团队学习	组长						
拓展锻炼	教师						

任务三 仪态礼仪

自我学习空间

假如你即将参加一场重要的面试,你认为男生和女生在仪态方面分别应该注意哪些礼仪?通过查询相关资料,分别记录下来。

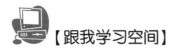【跟我学习空间】

知识点 1　表情礼仪

在与乘客交往中,服务人员的面部表情可以给乘客最直接的感觉和情绪体验。当表情与语言、行为表示一致时,就会拉近服务人员与乘客间的距离。同时,好的表情也能给乘客带来好的心情和良好的沟通。

1. 表情礼仪的基本原则

在与乘客进行交流时,表情的应用要遵循以下四个原则:

(1)谦恭。谦恭是服务人员主动向乘客表示尊敬的一种方式,是服务对象首要的心理需求,也是评价服务水平的重要标准。

(2)友好。友好是服务人员主动向乘客表示希望与之沟通和欢迎的表现形式,是顺利完成交流的重要基础。

(3)适时。适时是要求服务人员的表情神态与所处的场合和工作情景协调恰当,要求服务人员有较强的应变能力和对情景气氛的感受能力。

(4)真诚。所有的语言和行为,如果不是建立在真诚的基础上,都会背离服务目标走向虚伪,而虚伪必将导致服务失败。

2. 表情礼仪的基本要素

(1)目光

眼睛是心灵之窗,眼神能准确地表达人们的喜、怒、哀、乐等一切感情,服务人员应学会正确地运用目光,为乘客创造轻松、愉快、亲切的环境与气氛,消除陌生感,缩短距离。

①正视乘客的眼部。接待乘客时,无论是问话答话、递接物品还是收找钱款,都必须以热情柔和的目光正视乘客的眼部,向其行注目礼,使之感到亲切温暖。

②视线要与乘客保持相应的高度。在目光运用中,平视的视线更能引起人的好感,显得礼貌和诚恳。应避免俯视、斜视,因为俯视会使对方感到傲慢不恭,斜视易被误解为轻佻。如站着的服务人员和坐着的乘客说话,应稍微弯下身子,以求拉平视线;侧面有人问话,应先侧过脸去正视对方再答话。

③运用目光向乘客致意。当距离较远或人声嘈杂、言辞不易传达时,服务人员应用亲切的目光向乘客致意。

④接触时间要适当。据心理学家研究表明,人们视线相互接触的时间,通常占交谈时间的30%～60%。时长超过60%,表示彼此对对方的兴趣大于交谈的内容,特殊情况下,表示对尊者或长者的尊敬;时长低于30%,表示对对方本人或交谈的话题没什么兴趣,有时也是疲倦、乏力的表现。视线接

触时,一般连续注视对方的时间最好在3秒以内。在许多文化背景中,长时间地凝视、直视、侧面斜视或上下打量对方,都是失礼的行为。

⑤接触方向要合适。接触方向可以分为视线接触三区。上三角区(眼角至额头),处于仰视角度,常用于下级对上级的场合,表示敬畏、尊敬、期待和服从等。中三角区(眼角以下面部),处于平视、正视的角度,表示理性、坦诚、平等、自信等。下三角区(前胸),属于隐私区、亲密区,不能乱盯。

(2)微笑

笑是人类最美好的形象。因为人类的笑脸表达了自信、温暖、幸福、宽容、慷慨等情绪。轻轻一笑,可以招呼他人或者委婉拒绝他人;抿嘴而笑能给人以不加褒贬、不置可否之感;大笑则令人振奋、欣喜、激动。

作为服务人员,自觉自愿发出的微笑才是乘客需要的微笑,也是最美的微笑,这种微笑是发自内心的、轻松友善的微笑。服务人员在微笑中不仅可充分而全面地体现自信、热情,而且能表现出温馨和亲切,给乘客留下美好的心理感受。

①微笑的种类。

a. 温馨的微笑(图2-1)。只牵动嘴角肌,两侧嘴角向上高于唇心,但不露出牙齿,适用于和陌生乘客打招呼时。

b. 会心的微笑(图2-2)。嘴角肌、颧骨肌与其他笑肌同时运动,牙齿变化不大但要有眼神交流和致意的配合,适用于表示肯定、感谢时。

c. 灿烂的微笑(图2-3)。嘴角肌、颧骨肌同时运动,露出牙齿,一般以露出6~8颗牙齿为宜,适用于交谈进行中。

图2-1 温馨的微笑　　图2-2 会心的微笑　　图2-3 灿烂的微笑

②微笑禁忌。

a. 不要缺乏诚意,强装笑脸。

b. 不要露出笑容随即收起。

c. 不要仅为情绪左右而美。

d. 不要把微笑只留给上级、朋友等少数人。

3. 表情礼仪的练习方法

(1)发"一""七""茄子""威士忌"等音,使嘴角露出微笑。

（2）手指放在嘴角并向脸的上方轻轻上提，使脸部充满笑意。

（3）以对着镜子自我训练为主。学生对着镜子来调整和纠正"三种"微笑，嘴角需要同时提起，不要露出很多牙龈。

（4）如图2-4所示，用门牙轻轻地咬住筷子，嘴角两边都要翘起，并且使嘴角两端与筷子平行，保持这个状态10秒，抽出筷子，维持当时的状态。

图2-4　高铁乘务员练习微笑

（5）情境熏陶法。通过美妙的音乐创造良好的环境氛围，引导学生会心地微笑。

（6）同学之间通过打招呼、讲笑话来练习微笑，并相互纠正。

（7）综合训练时，在教师监督下，学会正确运用表情，注意微笑与眼神协调的整体效果。不当之处由教师现场指出、修正。

知识点 2　站　　姿

站姿是指人在停止行动之后，直立身体、双脚着地的姿势。它是一种静态的身体造型，是平常采用的最基本的姿态，又是其他动态的身体造型的基础和起点。优美的站姿是展现人体动态美的起点，是培养仪态美的基础。

1. 站姿的基本要求

基本站姿，指人们在自然直立时所采用的正确姿势，其标准是正和直，主要特点是头正、肩正、身正；颈直、背直、腰直、腿直。

2. 站姿的要领

站立时眼睛平视前方，收下颌，面带微笑，颈部挺直，双肩舒展，腹部自然收拢，腰部直立，臀部上提，双臂自然下垂，双腿并拢立直。

3. 工作中不同的站姿

不同的工作岗位对站姿有不同的要求，但任何一种形式的站姿都是在基础站姿基础上变化的。服务人员在实际工作中可选择合适的站姿来为乘客服务。服务过程中常见的站姿有以下几种。

(1) 垂放站姿

双臂自然下垂,双手中指分别放于裤缝或裙缝处,手指自然放松。这种站姿适用于标准体态练习或重要领导审查、检阅时,如图2-5所示。

(2) 前搭手位站姿

双手四指并拢,右手在外,左手在内,将右手食指放于左手指跟处,并将拇指放于手心处。前搭手位站姿是工作时运用最多的站姿体态,一般与乘客交流都采用前搭手位站姿,如图2-6所示。

(3) 后搭手位站姿

后搭手位站姿适用于男士。右手在外,左手在内,双脚打开,距离不超过自己肩的宽度。这是前方无人,服务人员在巡视时可运用的站姿,如图2-7所示。

图2-5 垂放站姿　　图2-6 前搭手位站姿　　图2-7 后搭手位站姿

4. 站姿禁忌

站姿禁忌指服务人员在工作岗位上不应具有的站立姿势。在与乘客的交流中,服务人员要尽量注意身体各部位的要求,避免出现以下不良站姿:

(1) 头部歪斜,左顾右盼。

(2) 高低肩、含胸或过于挺胸。

(3) 双手插兜或叉腰,双肩抱于胸前。

(4) 腰背弯曲,小腹前探。

(5) 腿部抖动交叉过大,膝盖无法收拢。

5. 站姿练习方法

(1) 背靠背站立。两人一组,要求两人后脚跟、小腿、臀、双肩、脑后枕部相互紧贴,如图2-8所示。

(2) 顶书训练。在头顶上平放一本书,保持书的平衡,以检测是否做到头正、颈直,如图2-9所示。

(3) 背靠墙练习。要求头、背、臀均紧挨着墙,如图2-10所示。

图 2-8　背靠背站立　　图 2-9　顶书训练　　图 2-10　背靠墙练习

知识点 3　坐　姿

坐姿是臀部置于椅子、凳子、沙发等物体之上，单脚或双脚放在地上的姿势。它是一种静态的仪态造型，是常用的姿势之一。不同的坐姿传达不同的意义和情感，文雅的坐姿可以展现人体静态美。

1. 坐姿的基本要求

坐姿不仅包括坐的静态姿势，还包括入座和离座的动态姿势。"入座"作为坐的"序幕"，"离坐"作为坐的"尾声"。

（1）入座时要轻稳。走到座位前转身后，右脚向后退半步，然后轻稳坐下，再把右脚与左脚并齐。如是女士，入座时应先背对着自己的坐椅站立，右脚后撤，使右脚确认椅子的位置，再整理裙边；挺胸，双膝自然并拢，双腿自然弯曲，双肩自然平正放松，两臂自然弯曲；双手自然放在双腿上或椅子、沙发扶手上，掌心向下。

（2）臀部坐在椅子 1/2 或者 2/3 处，两手分别放在膝上（女士双手可叠放在左膝或右膝），双目平视，下颌微收，面带微笑。

（3）离座时要自然稳当，右脚向后收半步，然后起立，起立后右脚与左脚并齐。

2. 女士常见的坐姿

（1）正坐式。双腿并拢，上身挺直、落座，两脚两膝并拢，两手搭放在双腿上，置于大腿部的 1/2。要求上身和大腿、大腿和小腿都成直角，小腿垂直于地面，双膝、双脚，包括两脚的脚跟都要完全并拢。入座时，若着裙装，应用手先将裙摆稍稍拢一下再落座，如图 2-11 所示。

（2）开关式。要求上身挺直，大腿靠紧后，一脚在前，一脚在后，前脚全脚着地，后脚脚掌着地，双脚要保持在一条直线上，如图 2-12 所示。

(3)点式。双膝先并拢,然后双脚向左或向右斜放,力求使斜放后的腿部与地面成45°角。这种坐姿适用于穿裙子的女士在较低处就座使用,如图2-13所示。

图2-11 正坐式　　图2-12 开关式　　图2-13 点式

(4)重叠式。将双腿完全一上一下交叠在一起,交叠后的两腿之间没有任何缝隙,犹如一条直线。双腿斜放于左或右一侧,斜放后的腿部与地面成45°角,叠放在上的脚尖垂向地面。这种坐姿适合于穿短裙的女士采用,如图2-14所示。

3.男士常见的坐姿

(1)正坐式。上身挺直、坐正,双腿自然弯曲,小腿垂直于地面,两脚两膝分开一脚长的宽度,双手以自然手形分放在两膝后侧或椅子的扶手上,如图2-15所示。

(2)重叠式。右小腿垂直于地面,左腿在上重叠,双脚小腿向里收,脚尖向下,双手放在椅子的扶手上或腿上,如图2-16所示。

图2-14 重叠式　　图2-15 正坐式　　图2-16 重叠式

4. 坐姿禁忌

坐姿禁忌指服务人员在工作岗位或与乘客交谈时不应出现的坐姿。坐姿是人际关系交往过程中持续时间较长的一种姿态，如果出现以下坐姿禁忌，会给对方留下难以改变的印象：

（1）侧肩、耸肩、上身不正。

（2）含胸或过于挺胸。

（3）双臂交叉抱于胸前，双手抱于腿上或夹在腿间，如图2-17所示。

（4）趴伏桌面，背部拱起。

（5）跷二郎腿，双腿叉开过大，腿部伸出过长。

（6）腿部抖动，蹬踏他物，脚尖指向他人。

5. 坐姿训练

（1）加强腰部、肩部的力量和支撑力训练，进行舒展肩部的动作练习，同时利用器械进行腰部力量的训练。

（2）按照动作要领体会不同坐姿，经常性地纠正和调整不良习惯。

图2-17 坐姿禁忌——双臂交叉抱于胸前

（3）每种坐姿训练持续10分钟，加强腰部支撑能力。

知识点4 行 姿

1. 行姿的基本要求

（1）规范的行姿首先要以端正的站姿为基础。

（2）双肩应平稳，以肩关节为轴，双臂前后自然摆动。

（3）上身挺直，头正、挺胸、收腹、立腰，重心稍向前倾。

（4）注意步位。脚尖略开，起步时，身体微向前倾，两脚内侧落地。不要将重心停留在后脚，并注意在前脚着地和后脚离地时伸直膝部。

（5）步幅适当。一般前脚的脚跟与后脚的脚尖相距为脚长左右距离，步伐稳健，步履自然。步履要有节奏感，保持一定的速度。但因性别不同、身高不同、服饰不同，步幅的大小也有一定的差异。一般情况下，每分钟行走110步。当然，这还取决于工作的场合和岗位。行姿整体上要给人以步态轻盈敏捷、有节奏的感觉，如图2-18所示。

2. 不同工作场合的行姿标准

在具体的工作中，服务人员的步态有着不同的要求

图2-18 行姿

和规范,城市轨道交通行业服务人员需要根据工作场合给予关注。

(1)与乘客迎面相遇时,服务人员应放慢脚步,面带微笑,目视乘客致意,并实时伴随礼貌的问候用语。以规范的"右侧通行"原则,让乘客先行。

(2)陪同引领乘客时,如果乘客同行,服务人员应遵循"以右为尊"的原则,走在乘客的左侧。引领乘客时应走在乘客左前方两三步的位置。行进步速需与乘客步幅保持一致。

(3)进出升降式电梯、无人驾驶电梯时,乘客后进先出;进出有人驾驶电梯时乘客先进先出。

(4)搀扶帮助乘客时,注意步速与对方保持一致。在行进过程中适当停顿,询问乘客身体状况。

3. 行姿禁忌

服务人员在工作岗位上不应出现如下行姿,要尽量控制和克服不良步态的出现:

(1)走路"内八字"或"外八字"。

(2)蹬踏和拖蹬地面,踮脚走路。

(3)步伐过快或过慢。

4. 行姿的训练方法

(1)画直线或沿着地面瓷砖的直线缝隙进行直线行走练习。

(2)顶书练习,要求练习者以立正姿势站好,出左脚时,脚跟着地,落于离直线5厘米处,迅速过渡到脚尖,脚尖稍向外,右脚动作同左脚,注意立腰、挺胸、展肩。

知识点5 蹲 姿

蹲姿是由站姿转换为两腿弯曲,身体高度下降的姿势。常用于服务人员捡拾物品。

1. 蹲姿的基本要求

站在所取物品的旁边,一脚前、一脚后,弯曲双膝,用双脚支撑身体,不要低头。蹲下时要保持上身的挺拔,体态自然。

2. 蹲姿的不同形式

(1)高低式蹲姿。高低式蹲姿特征是两膝一高一低。女士两腿膝盖相贴靠,男士两腿膝盖均朝向前方。如图2-19所示。

(2)交叉式蹲姿。交叉式蹲姿仅限于女士。蹲下时双膝交叉在一起,两腿交叉重叠,支撑腿脚跟抬起,脚掌着地,上身略向前倾。如图2-20所示。

3. 蹲姿禁忌

蹲姿禁忌有以下几种:

(1)行进中突然下蹲。

（2）背对他人或正对他人蹲下。
（3）女士裙装时下蹲毫无遮饰。
（4）正常工作中蹲姿休息。

图 2-19　高低式蹲姿　　　　　　　图 2-20　交叉式蹲姿

4. 蹲姿的训练方法

（1）加强脚踝、膝盖等关节的柔韧性，练习提腿、压腿、活动关节等动作。
（2）蹲姿控制练习，要有意识地控制平衡，保持蹲姿，形成好习惯。

团队学习空间

[**练一练**]两人一组,进行站姿训练。

训练方法如下:

1. 背靠背站立。两人一组,要求两人后脚跟、小腿、臀、双肩、脑后枕部相互紧贴。
2. 顶书训练。在头顶上平放一本书,保持书的平衡,以检测是否做到头正、颈直。
3. 背靠墙练习。要求头、背、臀均紧挨着墙。

[**想一想**]城市轨道交通服务人员如果行姿不正确,会有什么影响?

拓展空间

 知识链接　　　　　　手　势

手势是人们在人际交往中表达意见时用手做的姿势,是最有表现力的一种体态语言。城市轨道交通服务人员在向乘客介绍、说明、引导时都会用到手势,准确有效的手势会强化所要表达的意思。

1. 手势的常见类型

(1)指引:为乘客介绍或指路时,五指并拢,大拇指内扣,以肘关节为轴,前臂自然上抬微曲,指示方向。手臂打开幅度根据所指对象的远近调整,视线追随指示方向;掌心与身体方向一致,指引只有前、左、右三个方向。右边指引用右手,左边指引用左手。向后指引时身体必须向左或向右90°再指引。站务员在客服中心内为乘客指引时,手肘离开桌面,五指并拢,指向乘客问询的方向,视线追随手指方向,如图2-21所示。

(2)握手:伸出右手,掌心微微向上,大拇指与手掌分开,其余四指自然并拢向内弯曲,向侧下方伸出。双方互相握住对方的手掌,握手力度在2千克左右,持续时间3秒至5秒,如图2-22所示。

(3)递交:双手持物交至对方手中,在递交过程中,眼睛平视被服务对象,面带微笑。服务人员在客服中心等岗位上不方便双手递送时,可用双手推送至乘客面前,不可带有"扔""抛""摔"的动作,如图2-23所示。

图2-21　指引　　　　　　图2-22　握手　　　　　　图2-23　递交

2. 手势禁忌

(1)手势与说话的内容不一致。
(2)不稳重的手势。
(3)手插口袋。

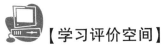

【学习评价空间】

1. 专项实操考核：微笑考核

微笑考核评分表

考核项目	考核内容		分值	自评分	小组评分	实得分
表情	三种表情的技巧	温馨的微笑	10分			
		会心的微笑	10分			
		灿烂的微笑	10分			
	展示个人最好的微笑		10分			
眼神	不同情境的眼神表现		30分			
综合	微笑眼神与形体的协调表现		30分			

2. 专项实操考核：仪态考核

（1）实训要求：着正装，女士穿高跟鞋进行练习。站姿、坐姿等仪态训练每次不少于15～20分钟，并配以适当的音乐，缓解训练的疲劳，训练时保持良好心情。

（2）以组为单位进行不同仪态的训练，并及时纠正并点评。采用同学之间互评、分组竞赛的方式来改善和提升练习效果。

（3）仪态考核评分表。

考核项目	考核内容		分值	自评分	小组评分	实得分
站姿	身体各部位的正确姿态	头、颈	3分			
		两肩、胸	3分			
		腰部	3分			
		手位	3分			
		两脚	3分			
	不同站姿的展示	肃立	5分			
		直立	5分			
	顶书训练效果		10分			
坐姿	坐姿基本动作要领的展示		10分			
	脚的摆放方式		10分			
	入座后姿态的整体保持效果		5分			
	入座前后的其他要求		5分			
走姿	身体姿态		10分			
	跨步的均匀度		5分			
	手位摆动的情况		5分			
	根据音乐情境变换步伐		5分			
蹲姿	上身姿态		5分			
	起身动作与表情		5分			

3. 任务学习评价

评价内容	评价人	评价结果					评语
		优	良	中	及格	不及格	
自我学习	自评						
上课表现	教师						
团队学习	组长						
拓展锻炼	教师						

任务四 沟通礼仪

自我学习空间

利用网络或文献查询,对比中国、日本、美国、英国、德国在沟通礼仪上的相同及不同之处,并用表格详细整理出来。

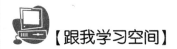【跟我学习空间】

知识点1 见面礼仪

1. 问候礼仪

问候是见面时最先向对方传递的信息，如果服务人员能够迅速、积极地表达出自己的诚意和心意，就可以在最初接触时给乘客留下好印象。

(1)问候要积极主动。主动问候会给乘客温暖的感受，也会在接下来的交谈中占据主动。即使是乘客先打招呼了，服务人员也一定要立即回应并问候乘客。

(2)问候的声音要清晰、宏亮且柔和。见面时，对方的心态不可预知，但一声响亮的问候，能将气氛调动起来。尤其在早晨、午后、傍晚等乘客神经未处于完全兴奋时，大声的问候会使乘客感到振奋，有利于服务气氛的开朗、活跃。

(3)问候时要形神兼备。问候时注视乘客的眼睛，明确坦诚地表达对乘客的欢迎，并伴随微笑、点头和致意。

2. 称呼礼仪

在问候乘客时，往往需要运用称呼，如"您""先生"等。适当地运用称呼，会让人觉得你彬彬有礼，很有教养。它可以使互不相识的人乐于相交，使熟人增进友谊。对于服务人员而言，更要学会正确地称呼乘客。称呼时自己的态度要热情、谦恭，称呼用语要恰当、亲切。

(1)敬称。如"您、您老"等，多用于尊长、同辈。但服务人员一定要用，表示对乘客的客气与尊敬。

(2)亲属称谓。就是非亲属的交际双方以亲属称谓，通常在非正式交际场合使用。服务人员如果在为特殊乘客提供服务时可以使用，如"大哥、大姐、大伯、大妈、大叔、爷爷、奶奶"等，不过要注意乘客的年龄，称谓要得当。

(3)职业称谓。职业称谓用于较正式的场合，带有尊重对方职业和劳动的意思，如"师傅、大夫、医生、老师"等，可以冠之以姓。

(4)职称称谓。这种方式对干部、技术人员等的称谓。国家工作人员等在各种交际场合都应该用职称称谓，如书记、经理、主任、主席、教授、工程师等，在前面加上姓名，在总经理前面一般加姓，称"××总"。

(5)姓名称谓。在正式场合称呼比较熟悉的同辈人为"老+姓"(如老王、老张等)；对干部、知识分子等老年男性称"姓+老"(如李老等)；长辈称小辈"小+姓"(如小田等)。

(6)统称。男性称"先生"、女性称"女士、小姐"是当今社会上最为流行的称呼，在服务工作中也可以使用。

3. 致意礼仪

致意是要把向他人表示问候的心意,用礼节、行为举止表现出来。礼貌的致意会给人一种友好愉快的感受。致意有以下几种:

(1)点头致意。适用于在一些公共场合与熟人见面而又不便交谈时、在同一场合多次见面时、路遇熟人时等情况。点头时要面带微笑,目视对方,轻轻点一下头即可。

(2)微笑致意。适用于相识者或只有一面之交者,彼此距离较近但不适宜交谈或无法交谈的场合。微笑致意可以不做其他动作,只是两唇轻轻致意,不必出声,即可表达友善之意。

(3)举手致意。与点头致意的场合大体相同,并且是对距离较远的熟人打招呼的一种方式。正确做法是右臂伸向前方,右手掌心朝向对方,四指并拢,拇指叉开,轻轻向左右摆动一两下即可。

(4)起立致意。在较正式的场合,有长者、尊者要到来或离去时,在场者应起立表示致意。待他们落座或离开后,自己才可以坐下。

(5)欠身致意。多用于对长辈或对自己尊敬的人致意。运用这种方式时,上身微微一躬,同时点头,身子不要过于弯曲。

4. 鞠躬礼仪

鞠躬是问候的一部分,充分表达对来者的敬意。一般是下级对上级、服务人员对服务对象、初次见面的朋友之间、欢送宾客及举行各种仪式时使用。

服务人员行鞠躬礼时需要面对乘客,并拢双脚,视线由对方脸上落至自己的脚前 1.5 米处(15°鞠躬礼)或脚前 1 米处(30°鞠躬礼)。男性双手放在身体两侧,女性双手合起放在身体前面。

鞠躬时必须伸直腰、脚跟靠拢、双脚尖处微微分开,弯腰速度适中。

常用的鞠躬礼仪包括 15°鞠躬礼、30°鞠躬礼和 45°鞠躬礼,如图 2-24 所示。

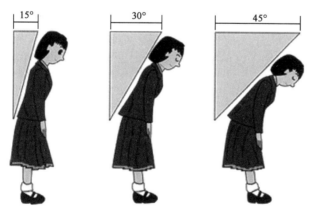

图 2-24　鞠躬礼

【小贴士】

在日本,第一次见面时行"问候礼",是30°;分别时行"告别礼",是45°。韩国人的鞠躬礼一般是60°,且鞠躬时眼睛不能直视对方。在我国、新加坡、印度尼西亚和马来西亚,多用浅浅的鞠躬礼。

5. 握手礼仪

握手是中国人常使用的见面礼和告别礼,它包含感谢、慰问、祝贺和相互鼓励的意思,如图2-25所示。行握手礼时,通常距离受礼者约一步,两足立正,上身微向前倾,伸出右手,四指并齐,拇指张开与对方相握,微微抖动3~4次(时间以3秒钟为宜),然后松开手,恢复正常姿态。

图2-25 握手礼

握手礼仪常见的注意事项包括以下几点:

(1)男女之间,男方要等女方伸出手后才可握手,如女方不伸手,没有握手的意愿,男方可点头致意或鞠躬致意;如果男性是女性父辈的年龄,男性先伸手是适宜的。

(2)宾主之间,主人应先向客人伸手,以示热情、亲切。如接待来宾,不论男女,女主人都要主动伸手表示欢迎,男主人也可以先伸手对女宾表示欢迎。离别时,应由客人先伸手,表示再见。主人此时若先伸手就等于催客人离开,不礼貌。

(3)当年龄与性别冲突时,一般仍以女性先伸手为主,同性年长的先伸手,年轻的应立即回握。

(4)有身份差别时,身份高的先伸手,身份低的应立即回握。

(5)长幼之间,年幼者要等年长者先伸出手;上级和下级之间,下级要等上级先伸出手;平辈相见,先伸手者有礼、主动。

(6)握手的力度:握手要紧,表示诚意和感激之情,但不要握痛对方,也不可抓住对方的手不放或使劲摇动。

(7)速度与时间:伸手的快慢,说明自愿或勉强,握手的时间一般为3~5秒。对长者握手时要稍弯腰,对一般人握手时不必弯腰,但也不要腰板笔挺,昂首挺胸,给人造成无礼、傲慢的印象。

(8)面部表情:握手时面部要露出真挚的笑容,以友善的眼光看着对方,千万不能一边握手,一边斜视他处,东张西望或和他人说话。

(9)其他注意事项:如果正在劳作,对方主动伸出手,这时可以一面点头致意,一面摊开双手,表示歉意,取得对方谅解。如果正在劳作的人一时疏忽,伸出脏手与你相握,这时你要热情回握,而且切不可当着对方的面擦自己的手。

【小贴士】

握手五忌:一忌男士戴着帽子和手套,二忌长久握住异性手不放,三忌用左手同他人握手,四忌交叉握手,五忌握手时左顾右盼。

知识点2 电话礼仪

电话是现代人最常用的通信工具之一,电话交往虽然"只闻其声,不见其人",但却能给对方留下完整、深刻的印象。在日常工作中,服务人员必须掌握正确、礼貌的接打电话方法。

1. 准备工作

在打电话前,将要说的事情简单整理,并且准备好纸和笔,便于随时记录有用信息。打电话应选择恰当的时间、地点和场合。一般来说,早上8点之前或晚上10点之后均不适宜打工作电话,否则可能妨碍对方休息。此外,要考虑打电话的地点是否安静、打电话时对方是否方便等,嘈杂的环境和不分场合的电话注定不会有好的效果。

2. 接听电话

尽量在电话铃响三声之内,带着微笑迅速接起电话说出"您好",让对方在电话中也能感受到热情。接电话后应主动报上姓名或单位,吐字清晰。如果是打出电话,应注意控制通话时间,言简意赅地把事情说清楚;如果是接听电话且对方谈话内容很长时,必须给予回应,如使用"是的、好的"等来表示在认真听。

3. 结束通话

结束电话交谈时,要感谢对方的来电或接听,用积极的态度感谢对方。一般应当由打电话的一方提出结束,然后彼此客气地道别,说一声"再见"再挂电话,不可自己讲完就挂断电话。

知识点3 引导礼仪

1. 引导方法

(1)走廊引导法:接待人员在乘客两三步之前,走在乘客的左侧。

(2)楼梯引导法:引导乘客上楼时,应让乘客走在前面;若是下楼,则是接待人员走在前面,客人在后面,上下楼梯时应注意乘客的安全。

(3)电梯引导法:引导乘客进入电梯时,接待人员先进入电梯,等乘客进入后关闭电梯门,到达时按开按钮,打开电梯门,让乘客先走出电梯。

2. 引导手势

引导手势的运用要规范。在引路、指示方向时,五指并拢,小臂带动大臂,小臂与地面保持水平。根据指示距离的远近调整手臂的高度,身体随着手的方向自然转动,收回手臂时应略成弧线再收回。在做手势的同时,要配合眼神、表情和其他姿态,才能显得大方。切忌用单个食指指示方位。

团队学习空间

[练一练] 握手练习

第一步,两人一组,练习基本握手要领。主要练习:握手时站立姿势、握手的两个人之间的站立距离、握手时的眼神、握手的时间和力度等。

第二步,在掌握正确握手姿态后,练习握手的时间。学生3~4人分为一组,自己设计场景,如上级与下级、宾客与主人、地位相等者等。

[练一练] 鞠躬练习

两人一组,互相练习鞠躬。先以标准站姿站立,开始鞠躬时,视线由对方脸上落到脚前。熟练后,可模拟以下场景:

场景一:两人相对站立,相距3米以上,开始相向而行,交错时一人停下,面向另一人鞠躬15°;

场景二:一人向另一人告别,鞠躬30°,并且配以相应语言;

场景三:一人向另一人感谢,鞠躬45°,并且配以相应语言。

拓展空间

知识链接 1 　　　　　电话常用礼貌用语

1. 您好！这里是××公司××部(室),请问您找哪位?
2. 我就是,请问您是哪位?……请讲。
3. 请问您有什么事?(有什么能帮您?)
4. 您放心,我们会尽力办好这件事。
5. 不用谢,这是我们应该做的。
6. ××不在,我可以替您转告吗?
7. 对不起,这类业务请您向××部(室)咨询,他们的号码是……
8. 您打错号码了,我是××公司××部(室)。……没关系。
9. 再见!
10. 对不起,这个问题……请留下联系电话,我们会尽快给您答复,好吗?

知识链接 2 　　　　　敬语的使用

　　生活中有许多敬语可展现服务人员的素质和修养。例如,拜托语言:"请多关照""承蒙关照""拜托"等;慰问语言:"辛苦了""您受累了"等;赞赏语言:"太好了";同情语言:"真难为你了""您太苦了"等;挂念语言:"你现在还好吗?生活愉快吗?"这些都可以归入敬语范围。

【学习评价空间】

1. 专项实操考核

(1)分组展示客运服务人员在工作中的服务礼仪。

(2)自行设计对白及场景,内容包括介绍、握手、递名片、步态、坐姿、站姿、服饰打扮、语言、岗位接待礼仪等内容。

(3)出场后先由同学介绍剧情、人物。

"沟通礼仪实训考核表"如下。

沟通礼仪实训考核评分表

内容	服饰	站姿	坐姿	走姿	手势	表情	语言	介绍	握手	接递物品	奉茶倒水	内容编排	总体印象	总分
小组	10分	5分	5分	5分	5分	5分	10分	10分	10分	10分	10分	5分	10分	100分
1														
2														
3														
4														
5														
6														
…														

2. 任务学习评价

评价内容	评价人	评价结果					评语
		优	良	中	及格	不及格	
自我学习	自评						
上课表现	教师						
团队学习	组长						
拓展锻炼	教师						

模块三　城市轨道交通客运心理服务

任务一　不同来源乘客心理服务

自我学习空间

了解感觉、知觉的概念及特征。

【跟我学习空间】

城市轨道交通客运心理服务是研究城市轨道交通客运服务过程中作为主体的客运服务人员以及作为客体的乘客个体、群体和组织的心理现象及其变化规律,是将心理学规律应用在城市轨道交通客运服务过程中。人们在社会生活中,职业不同,所处社会阶层和生活方式也不同,从而形成不同的心理特点和乘车需要。这种不同的心理特点,反映在乘车过程中,便会对城市轨道交通运输服务工作产生不同的要求。因此,可以根据不同来源的乘客进行分类分析,不同来源的乘客心理表现也不同。根据户籍不同,我们将乘客分为当地乘客和外地乘客。

知识点1 当地乘客

1. 当地乘客的心理特点

当地乘客对乘车环境和当地情况比较熟悉,心理上没有顾虑,出行的问题较少。主要存在的就是上班怕迟到,下班盼回家,时间观念强。

2. 当地乘客的服务技巧

面对当地乘客,客运服务人员应该掌握的服务技巧是什么?

根据当地乘客对乘车环境和当地情况比较熟悉,心理上没有顾虑,出行问题少的特点,客运服务人员应该多掌握客流规律,如高峰,固定乘客多,低峰,流动乘客多,节假日带小孩、购物乘客多;暑期旅游乘客多等。客运服务人员应做到微笑服务、亲情服务。

当地乘客的心理

知识点2 外地乘客

1. 外地乘客的心理特点

外地乘客根据旅行的目的可划分为:出差办事、旅游、探亲访友、看病就医等。外地乘客的特点有哪些?对乘车环境和地域情况不熟悉。由于对环境不熟悉、随身物品又较多,这个时候容易忽视人身和财物安全,心理上顾虑比较多。如一些外来的务工乘客,根据他们的乘车特点,其突出的心理活动是个"怕"字,怕买不到票、怕上不了车、怕坐过站,想问,但犹豫不决又不敢问,甚至听不懂当地的语言,怕出差错。还有可能听不清广播术语、不明白表达的内容而坐错车。

2. 外地乘客的服务技巧

这类乘客是客运服务人员的重点服务对象,因此客运服务人员要热情、主动、耐心解答询问,应多掌握和体贴外地乘客的个性心理,主动、热情地为他们服务。

外地乘客的心理

团队学习空间

每类乘客在乘车出行中都有一些共同的个性心理需要,作为客运服务人员可以通过分析乘客的哪些共同的需要,有针对性地为他们提供服务,从而提高服务水平,创造良好的经济效益和社会效益?

※请小组讨论以上问题,并写下讨论结果。

服务中常见的感知觉偏差

在社会生活中,由于种种因素的影响,特别是根深蒂固的传统文化和传统观念的影响,人们的认知往往会被深深地打上时代、民族、种族、习俗等烙印,不可避免地存在着种种习惯与偏见。这些习惯与偏见影响着人们的认识与判断,影响着人们的情感和交流,使人难免产生一定的认识上的偏差,对工作和生活都会有一定的影响。

乘客的知觉既是乘客与服务人员的人际交往、社会化的结果,又是交往的前提。由于人际关系的复杂性,在交往过程中难免存在着一些认知偏差,常见的主要有下列几种:

(1)首因效应。首因效应,即人们常说的"第一印象"。第一印象是指人们在首次接触某种事物时所形成的印象。人与人第一次交往中留下的印象,在对方的头脑中形成并占据着主导地位,这种效应即为首因效应。我们常说的"给人留下一个好印象",一般就是指第一印象,这里就存在着首因效应的作用。

在服务过程中,由于服务人员与乘客的交往多数为一次性交往,所以服务中的首因效应更为突出和普遍。因此,服务人员应掌握并重视首因效应的影响,努力以出色的工作表现给乘客留下良好的第一印象,同时也要避免对乘客采取消极、不友好的工作态度而产生不良的第一印象。

(2)光环效应。光环效应又称晕轮效应,指在人际知觉中所形成的以点概面或以偏概全的主观印象。当你对某个人有好感后,就会很难感觉到他的缺点,就像有一种光环在围绕着他,这种心理就是光环效应。光环效应有一定的负面影响,在这种心理作用下,很难分辨出好与坏、真与伪,容易被人利用,"爱屋及乌"这一成语说的就是光环效应,其意思是说爱一个人而推及与这人有关的一切。乌鸦在中国文化中本是"不祥之鸟",但因为爱那个人,连屋檐上的乌鸦都一起爱上了。我国还有一个寓言生动地描述了光环效应:有一个人丢了一把斧子,怀疑是邻居偷的,于是他留心观察,发现这个邻居一举一动都像是偷斧子的人。后来他在山上砍柴时找到了丢失的斧子,再仔细观察那个邻居,又觉得邻居根本不像偷斧子的人。

(3)刻板效应。刻板效应,是指社会上对于某一类事物产生的一种比较固定的、概括而笼统的看法。"物以类聚,人以群分"就是刻板效应的一种生动的写照。

在日常生活中,有些刻板效应与地区、职业、年龄等因素有关。例如,商人常被认为是奸诈,有"无奸不商"之说;教授常常被认为是白发苍苍、文质彬彬的老人;江南一带的人往往被认为是聪明伶俐、随机应变的;北方人则被认为是性情豪爽、胆大正直的……我们在认识和判断他人时,并不是把个体作为孤立的对象来认识,而总是把他看成某一类人中的一员,使得他既有个性又有共性,很容易认为他具有某一类所有的品质。因而,当我们把人笼统地划为固定、概括的类型来加以认识时,刻板效应就形成了。

拓展空间

(4)定式效应。定式效应是指有准备的心理状态能影响后继活动的趋向、程度以及方式。随着定式理论的发展,我们不仅可以用定式这个概念来解释人们在感觉、知觉、记忆、思维等方面的倾向,也可以用这一概念解释人们在社会态度方面的倾向。仪表、相貌的定式效应主要表现为刻板效应和光环效应。

【案例】 作为京港地铁的"大管家",总经理王绍基总会亲自到站里走一走看一看,在他心目中,要让每一名搭乘4号线的乘客出入车站都像置身舒适安逸的社区一样。这一走一看还真发现了问题,王绍基瞄准了车站里最易忽略的公共设施——"卫生间"。在走访中,两位乘客的话给王绍基留下了深刻的印象。

乘客周小姐说:"我每天花在地铁里的时间最少得2小时,免不了上厕所解决内急。"有一次乘坐地铁回家,赶上内急,找到车站厕所,因为厕位不多,导致高峰时间排长队,好不容易挤进门,顿感潮气扑面,此后地铁的卫生间成了她能不"光顾"则不"光顾"的地方。

"带孩子上厕所,特别是在地铁站内有多难啊!"同样遭遇尴尬的还有经常带着孩子坐地铁的张女士,婴儿护理台是不锈钢材质的,每次把孩子放在上面换尿不湿,孩子就哇哇大哭,她只得把外衣铺在护理台上。

当然,这些不适的体验已经成为过去。总经理王绍基发现,和与日俱增的4号线客流量相比,车站卫生间的功能严重不匹配。空间小、蹲位少导致高峰期乘客如厕大量排队,而拥挤、潮湿等现象让原本紧张忙碌的人们更加不适。所以,京港地铁用了两年的时间对所辖线路车站卫生间进行了一次大变身。增加蹲位、提升洁具品质、增设儿童洗手盆、改用防滑度高的地砖等卫生间改造工程,逐步让乘客感受到如厕环境的提升。而且,将原来的婴儿护理台的不锈钢材质换成了优质的塑料材质,以减少婴儿身体接触的不适感。

毋庸置疑,地铁运营的首要目的是把乘客安全送到终点。但是,在4号线,冷冰冰的安全制度,却变成了各种温暖的呵护、善意的提醒、巧妙的设计、科学的管理。也许不是每个乘坐4号线的乘客都切身经历了这些贴心的服务举措,但正是"一路心随行"的服务理念,让每一位4号线的乘客都享受到与心相伴的旅程,让每一列4号线列车都成为开往春天的温暖地铁。

(资料来源:http://news.163.com/14/1029/16/A9O3JT9K00014AEE.html)

※请应用感知觉的原理,说一说城市轨道交通客运服务环境、客运服务人员对乘客感知觉的影响。

【学习评价空间】

评 价 内 容	评 价 人	评 价 结 果					评　　语
		优	良	中	及格	不及格	
自我学习	自评						
上课表现	教师						
团队学习	组长						
拓展锻炼	教师						

任务二　不同年龄乘客心理服务

自我学习空间

了解需要的概念,以及旅客一般的需要。

【跟我学习空间】

根据乘客的年龄不同,我们将乘客分为老年乘客、中年乘客、青年乘客、幼年乘客四个年龄组。

知识点1 老年乘客

随着年龄的增长,老年人的体力、精力开始衰退,生理的变化必然会带来心理的变化,在感觉方面会变得迟钝,对周围事物反应缓慢,活动能力逐渐减退,动作缓慢,应变能力变差。

1. 老年乘客心理特点

他们在乘车时的心理表现有:安静心理,因行动不灵活、体力差,喜静不喜动,乘车要求不高,不愿给客运服务人员添麻烦。旅途中遇到困难比较沉着。

2. 老年乘客的服务技巧

老年乘客是客运服务人员的重点服务对象。在服务中要多为他们提供方便,多给予照顾。服务过程中一定要仔细、有耐心,语气要缓和,动作要慢、稳,特别是要尊重老年乘客的意愿。例如,老年乘客乘车时,一定要热情打招呼,给他们一个愉快放松的氛围,引导他们找座位就坐,并帮助他们拿随身物品;行车中,适当询问他们的需求,并尽最大努力满足他们;在站内上厕所时,老人腿脚不便,客运服务人员需要主动搀扶;很多老人自尊心很强,不会主动求人帮忙,或怕给别人带来麻烦,客运服务人员应积极主动去询问;下车时,主动询问老人是否需要帮助,无法完成时,及时联系车站工作人员。

老年乘客心理服务

知识点2 中年乘客

依我国国情,普通人40~55岁作为中年阶段较为符合实际。人到中年,知识仍在积累增长,经验日益丰富,然而人体生理功能却在不知不觉中下降。心理能力的继续增长和体力的逐渐衰减,是中年人的身心特点。那么中年乘客的特点有哪些?

1. 中年乘客心理特点

中年乘客占乘客流量的比例较大。城市中的中年乘客一般具有丰富的乘车知识,农村乘客相对差一点。中年乘客比老年乘客行动灵活,比青年乘客稳重。

中年乘客心理服务

2.中年乘客的服务技巧

根据中年乘客的特点,客运服务人员在满足中年乘客需求的同时,应虚心向中年乘客请教,接受他们对客运服务工作提出的意见和建议,并据此改进服务方式,提高服务质量。

知识点3 青年乘客

这里所说的青年乘客主要指大中专学生。

1.青年乘客的心理特点

精力充沛、思想活跃,在乘车中的心理行为表现为喜欢聚集成群、好奇、好动,喜欢说笑、娱乐、热闹。

乘车心切,急于到达目的地,总是希望尽量减少在车站等待乘车的时间。

2.青年乘客的服务技巧

客运服务人员对他们的行为应礼貌地多给予提示,以免影响他人,或给站内服务工作增添麻烦。

青年乘客心理服务

知识点4 幼年乘客

1.幼年乘客心理特点

幼年乘客的行为具有强烈的情绪性,喜动不喜静、好奇心强、善于模仿、判断差、能力差的特点。

2.幼年乘客的服务技巧

(1)客运服务人员在提供服务的时候,尤其要注意防止一些站、车不安全因素。如要防止活泼好动的儿童乱摸乱碰站、车上的设施设备。

(2)可通过提醒幼年乘客的随行成年人进行照看与监管。列车启动、停车时要注意防止幼年乘客四处乱跑等,以防发生意外。

幼年乘客心理服务

团队学习空间

除根据年龄不同将乘客分为四个年龄组之外,还有一些由于各种各样的原因需要得到特殊服务与关注的乘客,如残疾乘客、突发疾病的乘客等。

※请按小组分组讨论,客运服务人员在遇到残疾乘客、突发疾病的乘客时应该如何满足这类乘客的需要? 在进行服务时应注意哪些方面?

拓展空间

需要层次理论

关于人的需要一直都是心理学家们研究的对象,国外心理学家进行了许多研究,其中影响较大的是美国著名的人本主义心理学家马斯洛。马斯洛认为,人的一切行为都是由需要引起的,他在1943年出版的《调动人的积极性的理论》一书中提出了著名的需要层次理论,如图3-1所示。马斯洛把人的多种多样的需要归纳为五大类,并按照它们发生的先后次序分为五个等级。

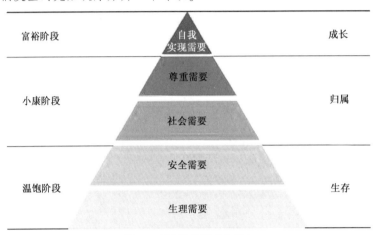

图3-1 马斯洛需要层次理论

第一,生理需要。它是人类为了生存而必不可少的需要,是最原始、最基本,优先满足的生活需要,如食物、水、氧气、睡眠、排泄、性等的需要。生理需要在五个等级中处于最底层,是一种较低层次的需要,但是它却占有绝对的优势,如果一个人的生理需要都得不到满足,个体的生理机能就无法正常运转,生命将会受到威胁,那么他的其他需要将会被忽视或被放到次要位置。因此,在城市轨道交通客运服务中,首先应该满足乘客的生理需要。

第二,安全需要。人的生理需要得到满足后,一种新的需要便会出现,这就是安全需要。安全需要指人们对安全的物理空间、安全的社会环境、稳定的工作与收入的需要,希望得到保护,免除恐惧与焦虑和免于灾难等的需要。

第三,社会需要。社交需要又可理解为归属和爱的需要。这是一种社会的需要,其中包括与人来往应酬、进行社会交际、获得友谊和爱,并为团体和社会所接纳等。当人们的生理需要和安全需要得到基本满足之后,社会需要就会开始成为强烈的动机。人都有归属于某一群体的需要,希望成为其中的一员,得到应有的关心和照顾。如果这一需要得不到满足,人将产生孤独感、空虚感和疏离感,产生痛苦的情绪体验,不利于建立良好的社会关系。

第四,尊重需要。这是指自尊和受人尊重,取得荣誉和得到承认,其中包括独立、自由、自信以及得到别人的尊敬和重视,取得一定的名誉和地位,等等。如果一个人

拓展空间

的尊重需要得到满足,就能使他对自己充满信心,对社会充满热情,否则将产生自卑感,甚至丧失生活和工作的信心。

第五,自我实现需要。这是最高层次的需要。自我实现需要是指人们充分发挥自身的潜能,最终成为自己所期望的人的一种需要。马斯洛提出,为满足自我实现需要所采取的途径和方式是因人而异、截然不同的,有人想成为一名优秀的运动员,有人想成为伟大的母亲,这一需要也是个体之间差异最大的。

马斯洛认为,上述这五种基本需要由低向高依次排成一个阶层。当低层次的需要获得满足之后,才有可能提出高层次的需要。例如,沙漠中的干渴者把水当成甘露,而把昂贵的项链当成粪土。但是任何一种需要都不会因为下一个高层次需要的提出而告终,各个层次的需要总是相互依赖、彼此共存的。

马斯洛的这一理论对客运服务工作具有重要的借鉴和启发作用。根据这一理论,我们在工作中能够切实了解和体会乘客的各种物质和精神需要,能够从乘客出行的根本心理需要出发,关心乘客的所需、所想,并满足不同年龄、不同职业、不同性别、不同阶层乘客的各种合理需要,甚至对待乘客的一些不合理的需要,也能平心静气地理解和接受。

【案例】 昆明地铁1、2号线首期及支线在早高峰7:30—9:00时段,北部汽车站至春融街站下行方向行车间隔调整为4.5分钟,春融街站至大学城南站/昆明南火车站下行方向行车间隔调整为9分钟。

据介绍,昆明地铁3号线、6号线一期工程开通试运营以来,首期工程及支线客流逐步增长,近期受南二环施工改造影响,客流进一步增加。为进一步提升路网运营服务水平,昆明地铁运营有限公司从客流特征、运能调配、设备维护、节能降耗、客运服务等方面,对路网运营组织进行了综合研究,计划对昆明地铁1、2号线首期及支线工作日运行方式进行调整。

调整内容如下:针对工作日早高峰客流较大的问题,采用上、下行不均衡间隔的组织方式,对运行图进行调整。7:30—9:00时段,北部汽车站至春融街站下行方向行车间隔调整为4.5分钟,春融街站至大学城南站/昆明南火车站下行方向行车间隔调整为9分钟,其他时段不做调整。双休日(节假日)运能充足,满足乘客出行需求,暂不进行调整。

(资料来源:http://news.yninfo.com/yn/201809/t20180927_2540450.html)

※此案例中昆明地铁运营有限公司对地铁1、2号线运行方式进行调整的措施满足了乘客的什么需要?请从乘客角度说说在乘坐地铁过程中你还有哪些需要没有得到满足。

【学习评价空间】

评价内容	评价人	评价结果					评 语
		优	良	中	及格	不及格	
自我学习	自评						
上课表现	教师						
团队学习	组长						
拓展锻炼	教师						

任务三 特殊情况时乘客心理服务

自我学习空间

【案例】 一天,两名成年人提着两瓶不明液体进站,经工作人员询问后,瓶内装的是酒精,工作人员礼貌地提醒:"先生您好,为了您和其他人的安全,按规定我们不能让您进站。"乘客不理解,不满地说道:"为什么不可以,又不是汽油,能有什么危险。"该乘客认为工作人员故意为难他,和工作人员发生争执。

※思考:
作为城市轨道交通客运服务人员,你应该怎么处理?

学习笔记

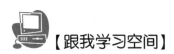【跟我学习空间】

知识点 1　上错车、坐过站、下错车的乘客心理服务

乘客在乘车中发生上错车、坐过站、下错车这方面的失误,乘客本身有一定的责任,也反映出城市轨道交通运输服务中存在的一些问题,如服务做得不周到、不细致。在发生此类情况后,乘客心情焦急、慌乱,希望得到客运服务人员的帮助。客运服务人员应一面安慰,稳定情绪;一面积极想办法帮助解决,以防止发生其他意外情况。

下错车的乘客心理服务

知识点 2　超负荷列车中乘客心理服务

列车超负荷情况下会带来许多问题,例如车厢内拥挤、乘客无座席、空气不流通、闷热有异味等。在这种情况下,乘客会有怨气、心情烦躁,乘车时间越长表现得越严重。这时,应注意站、车内的环境,尤其是保持适当的通风和适宜的温度;做好乘客的组织工作,使站、车内有秩序。

超负荷列车中乘客心理服务

知识点 3　携带危险品进站乘车乘客心理服务

携带危险品进站乘车的乘客有两种情形:

第一种是不知自己所携带物品为危险品,误带上车,看到、听到严禁乘客携带危险品进站上车的宣传后,犹豫不决,不知如何处理。

第二种是乘客有意将危险品携带上车,他们担心被查出,对客运服务人员有害怕心理。

客运服务人员对那些在乘车时表现犹豫、徘徊、坐立不安的乘客,应主动观察和询问,既可以查出危险品,防止意外事件发生,又可以了解到其他情况,提供适当的服务。

携带违禁物品进站乘车乘客心理服务案例

知识点 4　丢失物品乘客心理服务

乘客丢失物品之后会表现出着急、焦虑、埋怨、后悔、心情沉重,不知所措等心理活动和行为。客运服务人员要对丢失物品的乘客进行安慰,注意乘客的动态,防止发生意外;同时积极配合公安人员寻找线索,以利于尽快破案。

丢失物品乘客心理服务

知识点 5 对乘车条件不满意、不如意乘客心理服务

在乘客乘车过程中,总会出现一些对乘车条件不满意的事情,在这种情况下,乘客常表现出埋怨、气愤、不满情绪。对此,客运服务人员一方面应检查自己工作中存在的问题,采取适当的方法改进;另一方面应耐心解释,争取乘客的谅解。

对乘车条件不满意、不如意乘客心理服务

知识点 6 遇到意外事件乘客心理服务

遇到意外事件可能由两方面原因造成:一是乘客原因;二是城市轨道交通运输服务部门的原因。对城市轨道交通运输服务部门造成的意外事件,如发生列车事故、遇到自然灾害等意外情况,会影响乘客正常乘车,甚至威胁乘客安全。这时,乘客焦虑不安,心情烦躁,希望运输部门尽快排除险情,恢复列车运行。客运服务人员应沉着、冷静,稳定乘客情绪,积极进行妥善处理。

遇到意外事件乘客心理服务

知识点 7 遇严寒、酷暑气候条件乘车乘客心理服务

乘车条件的好坏是影响乘客情绪变化的直接原因,在适宜的温度下乘车,会减少出行疲劳,使乘车轻松、愉快。严寒或酷暑都会增加乘客的生理和心理负担。在严寒环境下,乘客希望供暖系统良好,站、车温度高一些。在酷暑环境下,乘客希望空气调节系统良好,降低站、车温度,能够买饮料及其他防暑降温物品。客运服务人员应注意站、车内的温度,尤其是保持适当的通风和适宜的温度,做好对乘客的组织工作。使站、车内有秩序,设置方便乘客的相应设备设施。

遇严寒、酷暑气候条件乘车乘客心理服务

团队学习空间

请以小组进行讨论,并完成思考问题。

【案例】 事件概况:上海地铁2号线上一外籍男性乘客在座位上晕倒,周围乘客无一相助,竟全部仓皇躲避,引起前后节车厢乘客恐慌,蜂拥冲出车门,甚至有人摔倒。

根据监控视频,2014年8月9日晚9点34分,一外籍男性乘客在列车即将进入金科路站时突然缓缓倒向右侧,头几乎贴到身旁中年女乘客的肩膀上。随后几秒内,他先是躺倒在座位上,后又因列车刹车减速而翻落在地,似乎没了知觉。见状,对面座位上的5位乘客猛地起身逃离。不到10秒,该车厢已空荡荡的,只剩晕倒在地的该外籍男性乘客。监控视频显示,因有人叫喊"出事了",前后3节车厢的乘客蜂拥而出。一名中年男乘客摔倒在地,所幸及时爬起未发生踩踏事故,另一名中年妇女则被撞在屏蔽门上。当站台值班员赶到时,该外籍男性乘客已苏醒过来,且自行站起并随车离开。

※思考:
1. 这是一起由什么原因造成的意外事件?
2. 如果你是在场的客运服务人员,会怎么处理?

乘客气质与服务

气质,是人的个性心理特征之一,它是指在人的认识、情感、言语、行动中,心理活动发生时力量的强弱、变化的快慢和均衡程度等稳定的动力特征。简单地说,气质是人的心理活动的动力特征的总和,主要表现在情绪体验的快慢和强弱、表现的隐显以及动作的灵敏或迟钝方面,因而它为人的全部心理活动表现染上了一层浓厚的色彩。气质与日常生活中人们所说的"脾气""性格""性情"等含义相近。

最著名的是希腊心理学家希波克拉底提出的"四种气质",即胆汁质、多血质、黏液质和抑郁质四种。

胆汁质的人属于兴奋型、不可抑制型。此种气质类型的人,表现为精力旺盛,反应迅速,情感体验强烈,情绪发生快而强,易冲动,但平息很快。例如:张飞、李逵、鲁智深、孙悟空、猪八戒。

多血质的人属于活泼型。此种气质类型的人活泼好动,反应迅速,思维敏捷,灵活而易动感情,富有朝气,情绪发生快而多变,表情丰富,但情感体验不深。例如:王熙凤、曹操。

黏液质的人属于安静型。此种气质类型的人安静、沉着、稳重、反应较慢;思维、言语及行动迟缓,不灵活;注意力比较稳定且不易转移。例如:林冲、薛宝钗、沙僧。

抑郁质的人属于抑制型。此种气质类型的人感受性高,观察仔细,对刺激敏感,善于观察别人不易觉察的细微小事,反应缓慢,动作迟钝,多愁善感,体验深刻和持久,但极少外露。例如:林黛玉、唐僧。

※请结合乘客的气质差别,分别写出客运服务人员应该如何做好相应的服务工作。

【学习评价空间】

评价内容	评价人	评价结果					评语
		优	良	中	及格	不及格	
自我学习	自评						
上课表现	教师						
团队学习	组长						
拓展锻炼	教师						

任务四　客运服务人员心理服务

自我学习空间

了解心理健康概念、标准和职业压力。如何正确看待压力？

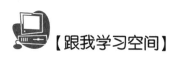
【跟我学习空间】

知识点1 心理轻度失调客运服务人员心理服务

心理轻度失调客运服务人员心理服务案例

在城市轨道交通客运服务中,不仅需要了解乘客的心理,更要把握客运服务人员的心理状态。如果客运服务人员的心理问题不解决,就会把个人情绪带到工作中,使本不该发生的不良服务发生。因此,把握客运服务人员的心理问题是城市轨道交通客运工作必不可少的一项重要工作。

1. 什么叫心理健康

心理健康又称精神健康,它是一种持续的心理健康状态。

心理健康有三个等级,大致分为:一般常态心理、轻度失调心理、严重病态心理。

一般常态心理:表现为心理愉快,适应能力强,善于与别人相处,能较好地完成同龄人应做的活动,具有调节情绪的能力。

轻度失调心理:表现不出同龄人所应有的乐观,与他人相处略感困难,生活自理有些吃力,若主动调节或通过心理辅导专业人员的帮助,就会消除或缓解心理问题,逐步恢复常态。

2. 心理健康的标准

客运服务人员心理既有大众心理的一般特征,又具有自身的特点。客运服务人员心理健康标准是一个不容易界定的范畴。下面给出四个基本参考标准。

(1)心胸宽广,能容己、容人、容事。

(2)热爱生活,乐观向上。

(3)对社会发展变化反应灵敏,并能积极地适应和参与。

(4)情感健康稳定,善于自我调节,不怕困难挫折。

知识点2 心理严重失调客运服务人员心理服务

心理严重失调客运人员心理服务

1. 严重失调心理者的表现

严重的心理适应失调,不能维持正常的生活、工作。如不及时治疗有可能恶化,成为精神病患者。精神病是严重的心理疾病。

2. 客运服务人员的心理健康

(1)心理健康问题行为分析

心理疲劳:是指因心理、精神等非生理原因导致的无精打采、懒散、灵活性和准确度降低的心理机能消极状态。表现:自感体力迟钝、注意力不集中、思维不敏捷、情绪低落、精神不振,严重时引起头痛、眩晕等。心理疲劳一般发生在以下两种情形中:一是活动中紧张程度过高,心理机能降低而显得不堪重负,难以承受精神压力而疲惫不堪;二是活动令人厌烦,致使兴致索然,情绪低落,活力降低而出现烦躁懒散、疲惫无力等。

心理疲劳的原因:造成城市轨道交通客运服务人员心理疲劳的原因是多种多样的,但主要包括以下两方面。第一方面,由于城市轨道交通运输的连续工作时间较长,使得客运服务人员不得不打乱正常的生活作息时间,全天候地从事客运工作,可能出现慢性身心综合疲劳征。尤其在一些客运的高峰时期,要求客运服务人员加班加点,或者在工作时对客运服务人员施加过多的心理压力,或者让客运服务人员做大量简单重复的工作等。这样,城市轨道交通在保证客运任务完成的同时,就自觉或不自觉地忽视了员工的身心健康,造成心理疲劳。第二方面,由于客运服务人员在从事繁重工作的同时,没有及时根据工作调整自己的生活作息时间。例如,有些客运服务人员有深夜看电视或上网的习惯,晚睡晚起;还有的客运服务人员或吸烟喝酒过度,或饮食结构不合理,或缺少锻炼,等等,以上这些不良的生活习惯除直接引起工作中的疲惫之外,还常会造成不同程度的睡眠失调,间接造成上班时的身心倦怠。

(2)提高客运服务人员心理健康水平的途径

首先,减少过度的心理压力。①通过一些心理压力测试量表来自我评价(从中发现自己在压力下反映出来的特点,并认识压力继续下去会导致的后果)。②学会自我放松(通过自我默想,使意识范围逐渐缩小,排除外界干扰,全身松弛,纠正情绪的失衡状态,冷静引导自己从烦恼、愤怒、紧张等消极情绪状态中解脱,达到内心的平静与安宁)。③在问题及后果还未引发之前将压力加以控制(方法有坦诚倾诉,找亲朋好友诉说,调整工作、生活节奏,参加体育运动,如打球、散步等,学会放松,每天用一定的时间平静和安定情绪,如听音乐、观赏花草等。这些方法都可以通过神经与肌肉松弛而达到消除压力的目的)。④学会分析矛盾,分解压力(有的可以分解化小后应对,有的可以分期分批逐步解决,有的可以有取有舍,将压力适时转化)。

其次,学会应对挫折。导致挫折的因素是多种多样的,但概括起来有主观和客观两个方面:主观原因也称为内部原因,它包括个人生理和心理因素。客观原因也称为外部原因,它包括自然因素和社会因素。外在的客观因素通常难以控制,但内在的主观因素则多数可以控制。

城市轨道交通客运服务人员的挫折因素主要有工作挫折、家庭挫折、人际挫折、恋爱挫折、情绪挫折等。人们受到挫折会产生各种行为,作为城市轨道交通客运服务人员,当受到挫折后,不应该把愤怒、攻击、不安、冷漠等情绪上的反应带到工作中去,应该努力控制自己的情绪,通过工作缓解自己的压力。

最后,适当使用挫折防卫机制。人在遭受挫折以后,挫折情境对人造成的心理上的压力,会使人产生紧张、焦虑、不愉快的情绪体验,并导致心理和生理活动的不平衡状态,影响人的正常行为和活动能力。为了对付这种压力,减轻或摆脱焦虑情绪的困扰,解除紧张状态所带来的不安,恢复心理和生理活动的平衡,受挫者会自觉或不自觉地寻找和使用一些策略与方法,应付或适应所面临的挫折情境,以减少挫折和焦虑情绪对自己的损害,减轻心理所承受的压力,保护自我,战胜挫折。受挫主体为了减轻挫折造成的心理压力,有意或无意中运用的种种心理防卫方式,被称为挫折的心理防卫机制,简称挫折防卫机制。

挫折防卫机制的机能是为了保持心理的稳定和平衡,免受不良刺激的损害。挫折防卫机制的积极效用,在于可能发挥个体的主观能动作用,减轻或排除精神压力,保持心理相对平衡,按照社会的需要去解决问题。这是每个人适应社会生活都必不可少的。

(3) 客运服务人员心理预防

对于城市轨道交通客运服务人员的心理状况,应根据城市轨道交通服务工作的实际情况,从个人和单位的角度采取一些有效措施加以缓解与疏导。

①从客运服务人员个人角度:创造和谐的自然环境和社会环境,建立良好的人际关系,提高适应社会和改造社会的能力,锻炼体魄和培养健康的人格,保持良好的情绪,及早发现不良情绪,及早调节。

②从单位的角度:调整工作安排,尽量减少加班时间,对简单重复的工作实行工作轮换制,以减少客运服务人员精神疲劳感;提供健康教育和体育锻炼机会,以加强心理健康引导。

团队学习空间

根据以下案例,以小组为单位进行讨论并完成思考问题。

【案例】 事件概况:一乘客由于5元纸币不能在自动售票机上购票,找到一位客运服务人员后说:"麻烦帮我买张票。"但服务人员却态度生硬地说:"自己到售票机上去买。"乘客向服务人员说明自动售票机不收5元纸币的情况后,该服务人员对乘客说:"你10元、20元的没有啊?"最后服务人员很不情愿地帮乘客在自动售票机上买了票。乘客对该服务人员的服务进行了投诉。

※思考:
1. 本案例是因什么引起的投诉事件?
2. 该案例暴露了什么问题?

拓展空间

【案例】 小吕是某车站一名普通的站务员,皮肤比较黑,上学的时候就经常有同学给她起外号,叫她"小黑""黑皮"等。小吕性格内向,每次听到别人给她起外号,都会在心里默默难过。一个月前,一名乘客问路,嫌小吕回答得慢了而心生不满:"看你那德行,丑八怪一样,还站这给人服务呢!"从那以后,小吕更加郁郁寡欢,总是找各种理由请假,对工作一点兴趣也提不起来,整个人看起来没精打采,人也瘦了一圈。

站长留意到了小吕的变化,找机会跟小吕谈话了解情况。在站长的耐心劝导下,小吕吐露了心声:小吕的姐姐长得十分漂亮,皮肤白皙,家人邻居都很喜欢姐姐,连妈妈都经常开玩笑一样地说"你怎么长得一点也不像咱们家人啊,你看你姐姐多白,你不会是在医院抱错了吧",还给小吕起了个小名叫"黑丫头"。小吕曾因此事跟妈妈闹过。因此,小吕从小就很自卑,对别人对自己外貌的评价很在意。上学后渐渐地变得越来越内向,上课不爱回答问题,怕老师批评,也不爱参加集体活动,怕被同学嘲笑。工作后,家人开始给她介绍男朋友,但是一连三个男生都以性格不合适、谈不到一块为由拒绝了她。小吕觉得一定是对方看不上自己的长相,更加自卑了。直到那天连乘客都说自己是丑八怪,小吕感觉这个世界上应该不会有人喜欢自己了,心情很抑郁,每天吃不下睡不着,一度觉得活着都没意思了。

(资料来源:根据三级心理咨询师技能教材案例改编)

※根据上述案例,说说在日常生活中你见过哪些心理健康问题?谈一谈如何才能在生活和工作中保持心理平衡与健康。

【学习评价空间】

评价内容	评 价 人	评 价 结 果					评　　语
		优	良	中	及格	不及格	
自我学习	自评						
上课表现	教师						
团队学习	组长						
拓展锻炼	教师						

模块四　城市轨道交通车站客运服务

任务一　乘客进站服务

 自我学习空间

【案例】　某日,一位妈妈带着孩子在站台上候车,孩子刚喝完饮料,妈妈随手将饮料瓶扔到了地上,给孩子擦完嘴之后,又随即把纸巾扔到了地上,站务员上前制止,要求其捡起东西放进垃圾桶里,并且嘀咕道:"真没素质,孩子还在身边呢,以后怎么教育孩子!这位乘客不乐意,和站务员争吵起来……

※查阅资料,指出站务员的处理哪里不合适,应该怎么做?

【跟我学习空间】

知识点1 进站服务

(1)进站服务岗位要求。乘客在进站环节中,客运服务人员主要涉及的岗位有厅巡岗和安检岗。

厅巡岗主要负责站厅、出入口及出入口外车站管理范围内的巡视和秩序维持,负责解答乘客问询,为乘客提供个性化服务;引导乘客正确操作 AFC 设备,处理与乘客相关的票务事宜。

(2)车站站厅(图 4-1)是车站的门面和窗口,其服务水平的高低是乘客对车站服务产生深刻印象和作出评价的重要依据。现阶段,客流量骤增,乘客文化层次差异扩大,给站厅服务增加了新的难度。

图 4-1 车站站厅

1.站厅服务的基本职责

执行相关规章制度,做到有令必行,有禁必止。

密切注意站厅乘客动态,发现有违反相关管理规定(如精神异常、醉酒的乘客等)的应及时给予制止。

帮助乘客、回答乘客问询,特别注意帮助老、弱、病、残等有困难乘客。

引导乘客正确操作票务设备,巡视车站自动售检票设备的运行情况,协助票箱、钱箱的更换或清点工作。

负责巡查站厅、出入口,保证设备设施的正常运行,并做好相关巡查记录,发现安全隐患时应及时报修,发现有故意损坏站内设备的行为应及时制止,并上报,如图 4-2 所示。

2.站厅服务的基本要求

(1)必须佩戴工号牌,做到仪表整洁、仪容端庄。

(2)工作时,精神饱满、思想集中,不与同事闲聊。

> 1.能按标准的服务规范进行站厅服务。
> 2.能对站厅客流进行合理的组织。
> 3.能对进站不符合规定的行为及物品进行处理。

图 4-2　站厅服务作业

（3）发现乘客携带超长、超大、超重物品时，应禁止其进站，并做好相应的解释工作。

（4）遇到乘客不能进出站现象，要礼貌地引导乘客到客服中心进行票卡的分析。

（5）遇到漏票现象，要态度平和地要求乘客去客服中心进行补票，切不可与乘客争吵或讽刺挖苦乘客。

（6）留意地面卫生，发现积水、垃圾、杂物等应及时通知保洁人员处理，同时设置警示牌，防止乘客摔倒。

（7）负责站厅、出入口的客流组织工作，防止乘客过分拥挤，必要时采取相应的限流措施。

（8）遇到老人、儿童等需要帮助的乘客，要适当留意，协助他们尽快进出站。

知识点2　安全检查（简称安检）服务

1. 安检服务的基本流程

安检作为与乘客安全息息相关的一项工作，必须严格、规范执行。检查人员也应该以规范的服务流程完成安全检查工作。检查之前，应主动提示以下事项：

（1）迎："您好，请接受安检，谢谢您的合作。"

（2）操作：检查时，应主动帮助乘客把行包放到检测仪上。

（3）告别：检查之后应向乘客表示感谢："感谢配合，请慢走。"并帮助乘客把行包从检测仪上拿下来，如图 4-3 所示。

2. 乘客携带超长、超重大件行李进站

耐心向乘客解释："对不起，按照有关规定，携带超长、笨重、宠物等物品不能进站乘车，谢谢合作。"如需要，向乘客出示相关规定（乘客须知）。

如遇到态度强硬、固执的乘客，首先让乘客了解，他的情况很难处理，如果乘客认为东西太重，不愿意出站，可以寻求其他同事帮助乘客。

图 4-3 进站安检服务

如乘客坚持搭乘则可要求公安协助。

3. 乘客携带气球(宠物)进站

遇此情况应及时制止,并向乘客解释:"对不起,为了您的安全(保持车站的环境),请不要携带气球(宠物)乘车,谢谢合作!"禁止携带宠物标志如图 4-4 所示。

图 4-4 禁止携带宠物标志

如乘客坚持搭乘则可要求公安协助。

4. 乘客携带易燃、易爆、有毒等危险品、管制物品进站

(1)把包拿到一边进行详细检查,避免当着其他乘客的面检查包内违禁品,以免乘客感到难堪。

(2)耐心向乘客解释:"对不起,按照有关规定,携带易燃、易爆物品不能进站,谢谢合作。"如需要,向乘客出示相关规定(乘客须知)。

(3)如遇态度强硬、固执的乘客,可以寻求值班站长处理,必要时与公安联系。

知识点 3 乘客不文明行为

地铁是城市现代化的一个重要标志。它在让大家享受现代化的速度与便捷的同时,也对人们的文明素质提出了更高的要求。但是,很多市民对"地铁文明守则"的遵守情况并不好。这些不文明行为也对站务工作提出了挑战。

乘客携带气球
(宠物)进站

轨道交通禁止
乘客携带物品

学习笔记

乘客进站不文明行为

1. 处理乘客不文明行为问题的方法

(1) 谈话的表情

与乘客交谈时,表情要大方、自然,态度诚恳,面带微笑,语气亲切,切忌边埋头工作边与乘客交谈,如图4-5所示。

图4-5 优质的服务

(2) 文明规范的服务语言

①敬语。

敬语使用是表示对听话人尊敬礼貌的语言手段。敬语一般运用在以下一些场合:如比较正规的社交场合;与师长或身份、地位较高的人的交谈;与人初次打交道或会见不太熟悉的人;会议、谈判等公务场合等。常用的敬语有:"请"、"您"、"劳驾"、"贵方"、"贵公司"、"谢谢"、"再见"。

②敬语的使用。

a. 相见道好。人们彼此相见时,开口问候:"您好","早上好"。在这里一个词至少向对方传达了三个意思:表示尊重,显示亲切,给予友情。同时也显示了自己三个特点:有教养、有风度、有礼貌。

b. 偏劳道谢。在对方给予帮助、支持、关照、尊重、夸奖之后,最简洁、及时而有效的回应就是由衷地说一声"谢谢"。

c. 托事道请。有求于他人时,言语中冠以"请"字,会赢得对方理解、支持。

d. 失礼致歉。现代社会,人际接触日益频繁,无论你多么谨慎,也难免有你的亲友、邻里、同事或其他人失礼于你的时候。但倘若你在这类事情发生之后能及时真诚地说一声"对不起"、"打扰您了",就会使对方趋怒的情绪得到缓解。

生活中还有许多敬语可展现客运服务人员的素质和修养。如,拜托语言:"请多关照"、"承蒙关照"、"拜托"等;慰问语言:"辛苦了"、"您受累了"等;赞赏语言:"太好了";同情语言:"真难为你了"、"您太苦了"等;挂念语言:"你现在还好吗?生活愉快吗?"这些都可以归为敬语范围。

(3)委婉语与致歉语

委婉语是用来在服务工作中表达不宜直言的人或事物的言语,常常在一些正规的场合以及一些有长辈和女性在场的情况下,被用来替代那些比较随便、甚至粗俗的话语。例如想要上厕所时,宜说:"对不起,我去一下洗手间。"让对方等候时,要说:"请稍等。"

致歉语是在服务过程中麻烦、打扰、妨碍了别人时,及时向对方表示道歉的语言。常用的致谦语有:"对不起"、"非常抱歉"、"请原谅"、"不好意思"等表示歉意的语言。注意在工作中要规范使用、及时道歉、得体大方、言行统一。

2. 应答礼仪

应答礼是服务人员在工作中回答客人询问或回应对方召唤时所表现出的礼仪行为。使用应答礼时应该注意以下几种情形:

(1)应答客人询问时,要思想集中,全神贯注地聆听;不能目视别处,或心不在焉,或说话有气无力。

(2)应答客人提问或征询有关事项时,语言应简洁、准确,语气婉转、声音大小适中;不能随心所欲地谈天说地,或声音过大,或词不达意。

(3)如果客人讲话含糊不清或语速过快时,可以委婉地请客人复述,不能听之任之,凭主观臆想,随意回答。

(4)回答多位乘客询问时,应从容不迫,按先后次序、轻重缓急,一一作答,不能只顾一位乘客,而冷落了其他客人。

(5)对于乘客提出的无理要求,须沉得住气,或婉言拒绝,或委婉地回答:"可能不会吧"!"很抱歉,我确实无法满足您的这种要求,我帮您找其他人为您解答"。

常见的应答用语有:"好的"、"没问题"、"我知道了"、"我明白了"、"您说得对"、"对,是这样"等。

3. 避免乘客纠纷

在城市轨道交通迅速发展的今天,服务人员需要适应客运新形势的要求,提升服务水平,避免发生乘客纠纷,主要方法如下:

(1)唱收唱付法:乘客购票时,为了避免争执,要严格执行唱收唱付的票务制度,避免出现票款纠纷。

(2)微笑服务法:微笑可以加强服务效果,无形中减少很多问题。

(3)和风细雨法:遇到抱怨时,不要和乘客争辩,应主动查找不足,妥善处理。

(4)快速处理法:应重视乘客的抱怨,快速处理,解决乘客需求。

(5)换位思考法:矛盾往往是因为双方不理解造成的,我们需要多做换位思考,更好地了解乘客的需求和情感。

(6)意见分析法:乘客的意见是改善服务的最大源泉,对乘客的意见要虚心接受,多分析、多改造。

4. 化解乘客矛盾

(1)处处为乘客着想。在客运服务过程中,任何时候都要维护乘客的面子,不要伤害乘客的自尊,不要同乘客争辩是非曲直,要耐心解释,宽容乘客,争取最好的效果。

(2)不计较乘客态度。服务人员要时时保持谦恭有礼,表现出冷静、耐心,运用语言艺术引导、劝诫、说服乘客,使矛盾化解于萌芽状态。

(3)主动承担责任。遇到乘客不满时,首先要学会说"对不起",很多时候,一句道歉就能平息乘客的不满。

团队学习空间

5~6人一组,讨论并角色扮演模拟以下案例。

【案例】 上海地铁2号线相继出现"超人""鹿人"等"行为艺术"后,2008年10月17日,2号线上惊现"木乃伊"。17日,网友称地铁2号线开到上海科技馆站时,突然上来一个全身裹着白色纱布的形似"木乃伊"的人。该"木乃伊"一上车,很多人都拿出相机拍照。"木乃伊"时不时与乘客打招呼,甚至试图握手,把一位女乘客吓得用书遮面,大叫"快走开,太恐怖了!"其间,"木乃伊"还在一个空位上坐了一会儿,如图4-6所示。

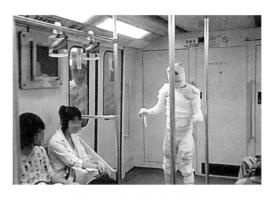

图4-6 上海地铁"木乃伊"

(资料来源:网易新闻)

※思考:

1. 对于上述案例,该"木乃伊"的出现会给车站的日常工作带来哪些困难?会出现哪些安全隐患?
2. 作为车站工作人员,为了不影响其他乘客,可以拒绝该"木乃伊"进站吗?
3. 如果你是当班站务员,你如何处理?

禁止带入地铁的物品

1. 枪支、军用或警用械具类(含主要零部件)

(1) 公务用枪和民用枪:手枪、步枪、气枪、猎枪、麻醉注射枪等。

(2) 其他枪支:样品枪、道具枪、发令枪、打火机枪、仿真枪等。

(3) 军械、警械、警棍等。

(4) 国家禁止的枪支、械具:钢珠枪、催泪枪等。

(5) 上述物品的仿制品。

2. 爆炸物品类

(1) 弹药:各类炮弹和子弹等。

(2) 爆破器材:炸药、雷管、手雷、导爆索、打火机等。

(3) 烟火制品:礼花弹、烟花、爆竹等。

3. 管制刀具

(1) 匕首、三棱刀(包括机械加工用的三棱刮刀)。

(2) 带有自锁装置的弹簧刀。

4. 易燃易爆品

(1) 汽油、柴油、松香油、油纸、过氧化氢等。

(2) 2千克以上的白酒、氢气球。

5. 毒害品

毒害品主要包括氰化物、汞(水银)、剧毒农药等剧毒化学品以及硒粉、生漆等。

6. 腐蚀性物品

腐蚀性物品主要包括盐酸、氢氧化钠、氢氧化钾等以及硫酸、硝酸、蓄电池等。

7. 放射性物品

放射性物品主要有放射性同位素等。

8. 国家法律、法规规定的其他禁止乘客携带的物品

(1) 禁止携带超长(1.8米以上)、笨重物品(如自行车、洗衣机、电视机、台式电脑显示器、电冰箱、组合音响等物品)乘车。

(2) 禁止携带动物以及妨碍公共卫生、车辆通行和危害乘客安全(如玻璃及易碎玻璃制品)的物品乘车。

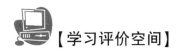【学习评价空间】

评价内容	评价人	评价结果					评　语
		优	良	中	及格	不及格	
自我学习	自评						
上课表现	教师						
团队学习	组长						
拓展锻炼	教师						

任务二　乘客购票服务

自我学习空间

【案例】 某日 19 点左右,乘客携带两名儿童(其中一名身高超过 1.3 米)进站,站厅工作人员看到后上前询问。在确认乘客只购买一张车票后,向乘客解释,一名乘客只能携带一名身高未超过 1.3 米的儿童进站乘车。工作人员要求乘客补票,乘客说:"不就是三块钱的事儿么。"工作人员答:"这不是三块钱的事儿,您的行为已经构成逃票行为了。"乘客听后开始对工作人员恶语相向,并说:"你这是什么态度,我要投诉你。"工作人员被激怒,回道:"我按规定做事,你爱投诉就投诉。"

※查阅资料,分析总结如何为乘客提供优质的售票服务。

【跟我学习空间】

知识点1 购票方式

地铁提供给乘客的购票方式主要有三种：AFC系统自助购票、客服中心（人工）购票、手机App购票。

1. AFC系统自助购票

自动售检票系统简称AFC（Automatic Fare Collection System），是基于计算机、通信网络、自动控制、自动识别、精密机械和传动等技术，实现地铁售票、检票、计费、收费、统计、清分、管理等全过程的机电一体化、自动化和信息化系统。

（1）AFC与人工售检票相比的优点

①人性化。②客流导向。③社会效益。④提供信息支持。⑤提高运行效率。⑥强化安全管理。⑦提升形象。

（2）AFC系统基本架构及功能

AFC系统基本架构及功能如图4-7所示。

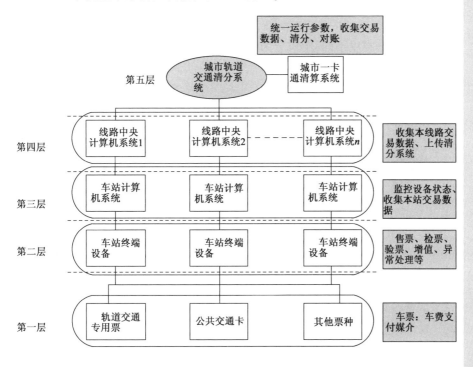

图4-7 AFC系统基本架构及功能

①自动售票机。

a. 自动售票机：Ticket Vending Machine，简称TVM，如图4-8所示。

b. 安装位置:非付费区。

c. 功能:发售单程票、充值储值卡/一卡通。

图4-8 自动售票机

②闸机。

a. 闸机:Automatic Gate Machine,简称AGM。

b. 安装位置:站厅层付费区与非付费区交界处。

c. 功能:实现乘客自助进出站检票。

按照阻挡装置类型的不同,闸机分为三杆式、扇门式、拍打门式,如图4-9所示。

按照通道宽度不同,闸机分为普通闸机和宽通道闸机。

a)三杆式　　　　　b)扇门式　　　　　c)拍打门式

图4-9 三杆式闸机、扇门式闸机和拍打门式闸机

③半自动售票机。

a. 半自动售票机:Booking Office Machine,简称BOM,也叫票房售票机。

b. 安装位置:客服中心,介于付费区与非付费区之间。

c. 具体功能有:售票、补票(乘客无有效车票出闸)、充值、车票分析、异常车票处理、退票退款、车票查询、交易记录打印、安全管理、激活、其他业务功能、在储值票中提取现金(误充值情况下)、行政事务处理、操作员间休、设备维护功能、与SC的通信功能,如图4-10所示。

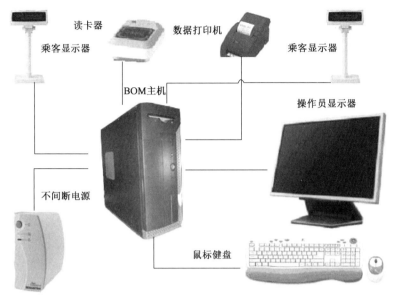

图 4-10 人工售补票机组成图

④自动增值机。

a. 自动增值机:Card Vending Machine,简称 CVM。

b. 安装位置:通常安装在非付费区内。

c. 功能:用于对储值票/一卡通进行充值和查验。

d. 自动增值机具有与自动售票机相似的乘客用户界面,如使用乘客显示屏,设有插卡口、入钞口,并有详细的用户操作指引等,如图 4-11 所示。

⑤自动验票机。

a. 自动验票机:Ticket Checking Machine,简称 TCM。

b. 安装位置:车站非付费区。

c. 功能:用于实现乘客自助查询车票。

d. 自动验票机能读出地铁发行的所有车票以及"一卡通"储值票卡中的数据内容,并显示出有效车票和储值卡的内容,可以显示储值票卡最近 10 次交易记录。对无效车票和储值卡指示乘客到客服中心处理。所有显示的信息可用中英文双语显示。自动验票机可独立运行,如图 4-12 所示。

图 4-11　自动增值机　　图 4-12　自动验票机

⑥便携式验票机。

便携式验票机：Portable Card Analyzer，简称 PCA。

便携式验票机是一种移动设备，由车站工作人员随身携带。

功能：具有检票和验票的功能，便携式验票机能读取城市轨道交通专用车票和"一卡通"车票的数据。用来对乘客所持车票进行核查，方便车站工作人员对有关票卡的有效性进行检验并显示检验结果，为及时解决票务纠纷提供帮助。

设备操作时能显示相关的交易信息，如票种、票值、历史数据、有效期、无效原因和应收票价等。

便携式验票机能通过显示屏显示车票的检票和查询结果，方便乘客识别检票操作是否成功，并能显示车票上记录的所有交易信息，如图4-13所示。

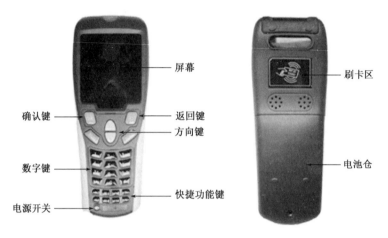

图4-13　便携式验票机

2. 客服中心（人工）购票

客服中心担负整个车站的票务工作，是车站最繁忙的场所之一，其服务水平的高低直接影响着整个车站的服务质量，如图4-14所示。

图4-14　客服中心

(1)客服中心的基本职责

①执行相关规章制度,做到有令必行,有禁必止。

②承担整个车站的售补票工作和"一卡通"充值服务,保证票款的正确和安全,并在规定的时间开关售票窗口。

③帮助乘客换取福利票、兑换零钱,负责处理票务问询的相关工作,热情接待乘客,按规定妥善解决乘客提出的问题。

④对无法进出站的乘客票卡进行分析,并按规定处理乘客的无效票和过期票。

(2)客服中心服务的基本要求

①必须佩戴工号牌,做到仪表整洁、仪容端庄。

②工作时,精神饱满、思想集中,不与同事闲聊。

③售票时,应做到准确无误;对乘客表达不清楚的地方,要仔细询问清楚,以免出错。在任何情况下,车票、收据与找赎应同时交给乘客,并提醒乘客当面点清找赎钱款。

④仔细聆听乘客的询问,耐心地听取乘客的意见;在乘客说话时,保持眼神接触,并且点头表示明白或给予适当回应。

⑤业务熟练,工作有序,讲求效率。

⑥对于来到客服中心的乘客,应主动问好,耐心而有礼貌地向他们收集信息,了解乘客的需要,解决乘客遇到的问题,如未听清乘客的需要,必须有礼貌地说:"对不起,麻烦您再讲一遍。"

(3)车票发售流程

在乘客购买单程票卡时,售票员应该严格执行"一收、二验、三售找、四清"的程序,具体流程见表4-1。

单程票发售的基本流程　　　　　　　　　　　　表4-1

步　骤	内　　容
一收	收取票款,要求严格执行大面额钞票"唱票"服务。严禁拒收旧钞、零币、分币
二验	验明钞票真伪后放在桌面上。如判断为假钞,向乘客说明:"对不起,请换一张。"
三售找	出售票卡或充值并找零。售票员必须严格执行"找零一次完成"的作业要求,将票卡和找零一起交给乘客;严禁出售与乘客要求面值不相符的车票;严禁强找零币、旧币;出售储值票时,应说明押金金额,储值前后应两次提示乘客确认(这是您的票卡和找零,确认拿好,请慢走)
四清	等乘客离开窗口后,方可把桌面钞票进行清理

客服中心出售
单程票流程

3.手机App购票

随着消费支付方式的革新,越来越多的人们习惯采用支付宝、微信等线上方式付款。很多城市的轨道交通也开始支持在手机上购票乘车,这种改变具有方便市民出行、减少购票排队、无需备零钱等优点。同时也能减轻客运服务工作量。

知识点2　乘客购票事务处理

1. 乘客第一次使用自动售票设备

(1)耐心指导乘客如何使用自动售票设备(见图4-15),尽量让乘客自己操作,注意避免直接接触乘客财物,以免发生不必要的纠纷。

(2)耐心指导乘客如何刷卡进站,并提醒乘客妥善保管票卡,出站票卡需要回收。

图 4-15　自助售票设备

2. 设备发生故障

自动售票机出现问题较为频繁,常见自动售票机问题处理方法如表4-2所示。

常见自动售票机问题处理方法　　表4-2

自动售票机常见问题	问题处理思路
乘客告知售票机发生故障	向乘客表示感谢,并及时到现场进行查看,如果自己能解决就及时解决,如果不能解决,及时报告上级
自动售票机出现卡币/找零不足	(1)耐心询问乘客购票情况,并打开售票机后盖查询是否有卡币现象; (2)若有卡币现象,就把钱币找给乘客,并表示歉意,如没有卡币,耐心和乘客解释
自动售票机卡票	(1)耐心询问乘客购票情况,并打开售票机后盖查询是否有卡票现象; (2)若有卡票现象,就把车票找给乘客,并表示歉意,如没有卡票,耐心和乘客解释
自动售票机发售无效车票	(1)耐心询问乘客购票情况和查询TVM交易记录; (2)若二者一致,则回收无效车票,填写"乘客事务处理单",并给乘客发售一张同面值车票

续上表

自动售票机常见问题	问题处理思路
乘客第一次使用自动售票机,不会使用	(1)耐心指导乘客如何使用自动售票机,并尽量让乘客自己操作,避免直接接触乘客财物; (2)耐心指导乘客如何刷卡进站,提醒乘客妥善保管好票卡
自动售票机前乘客排队过多	做好应急预案,多派站务员过来指导乘客买票和引导工作
售票厅排队乘客过多	面带微笑,进行宣传引导,提示乘客现在购票乘客较多,您可以使用自动售票机购票或充值,征得乘客同意后,进行引领(大家请跟我来,谢谢大家的配合)

3. 乘客需要的某些"一卡通"服务车站无法办理

(1)给乘客适当的安抚,向乘客表示抱歉:"对不起,目前车站无法办理此项业务。"

(2)向乘客解释车站没有办理此项业务的权限。

(3)如果乘客办理退卡,告知乘客可以到指定的网点办理退卡,并告诉乘客离本车站最近的网点位置。

4. 乘客在客服中心前排长队

当发现乘客在客服中心窗口前排起长队时,一定要对乘客做适当的安抚:

(1)对等待已久的乘客或感觉不耐烦的乘客:"对不起,请您稍等,我们会尽快办理。"

(2)如果需要较多的时间接待某位乘客,可以向其他同事请求帮助。

(3)假如排队的乘客中有投诉时,应先说:"不好意思,让您久等了,我会尽快帮您处理。"

5. 乘客购票找不开零钱

当遇到找不开零钱时,不要直接建议乘客去另外的入口处买票或充值。

(1)应礼貌地询问:"对不起,请问您有零钱吗?"

(2)如果乘客没有零钱,应向乘客表示抱歉:"对不起,这里的零钱刚找完,请您稍等,我们马上备好零钱或麻烦您到对面的票亭购票。"

6. 因票款不符而与乘客产生纠纷

想一想:在售票时乘客提出少找钱时如何处理?

(1)解释:"对不起,我们的票款是当面点清的,请您再确认一下是否正确,如果确实有误我们立即封窗查票。"

(2)若找钱有误:应立即退还并道歉:"对不起,由于我们的工作疏忽给您带来不便,希望得到您的谅解,我们一定避免类似的事情再发生。"

(3)若吻合,耐心解释,做好安抚工作。若乘客故意为难工作人员,可找公安人员配合。

找不开零钱

学习笔记

乘客给假币

7. 乘客使用假钞

遇乘客使用假钞,应尽量避免乘客难堪:

(1)不告诉乘客是假币,只要求乘客更换:"不好意思,请您换一张纸币。"

(2)提醒无效,向乘客解释:"不好意思,您的纸币不被设备识别(见图4-16),麻烦您换一张,谢谢合作。"

图4-16　验钞机

(3)拒绝更换干扰到正常服务,可报告值班站长或请求公安人员协助。

(4)如遇到数量较多的假币,应立即报告值班站长或请公安人员出面处理。

8. 乘客支付的纸币出现残缺(超过1/4或辨认不清面值)

(1)不接受缺损1/4以上的纸币。

(2)拒不接收辨认不清面值的纸币。

(3)除上述两种情况以外,所有人民币都应该按规定收取(再小的零钱也要接受,不论数量多少)。

(4)乘客支付的纸币出现残缺(超过1/4或辨认不清面值),拒绝的同时,礼貌地向乘客解释原因:"对不起,您给我的纸币……麻烦您换一张,谢谢合作。"

团队学习空间

【案例】 某日10:20左右,一名乘客持"一卡通"向A站客服中心索要发票。工作人员向其解释:只有充值的时候才能领取发票。乘客听完后拨打服务热线投诉,并一直在客服中心旁向其他充值乘客索要发票。稍后,值班站长到站厅了解情况,乘客表示自己在其他车站充值时没拿发票,希望现在车站提供发票。值班站长向其解释公司规定时,乘客情绪激动,不断质问:"规定在哪里,贴出来没有?"值班站长解释:"这是常识,像不需要在公共场合张贴'请勿随地大小便'是一个道理。"最终值班站长满足乘客需求,向其提供了发票。但乘客表示自己前后拨打了几次服务热线,要车站报销话费,值班站长表示车站无法负责。

※分析事件发生原因,总结处理经验。

拓展空间

AFC 系统常用术语 表 4-3

缩略语	英文名称	中文名称
AFC	Automatic Fare Collection	自动售检票
LCC	Line Central Computer	线路中央计算机
SC	Station Computer	车站计算机
SLE	Station Level Equipment	车站终端设备
TVM	Ticket Vending Machine	自动售票机
AGM	Automatic Gate Machine	闸机
BOM	Booking Office Machine	半自动售票机/票房售票机
TCM	Ticket checking Machine	自动验票机
CVM	Card Vending Machine	自动增(充)值机
PCA	Portable Card Analyzer	便携式验票机
SJT	Single Journey Ticket	单程票
SVT	Store Value Ticket	储值票
CSC	Contactless Smart Card	非接触式智能卡

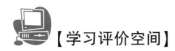

【学习评价空间】

评价内容	评价人	评价结果					评 语
		优	良	中	及格	不及格	
自我学习	自评						
上课表现	教师						
团队学习	组长						
拓展锻炼	教师						

任务三 乘客进出闸服务

自我学习空间

乘客闸机被误用事件

乘客的母亲由于刷卡后被前面乘客将闸机误用,服务人员在宽闸机引导时看到这一情况,将前面乘客的卡拿来递给老人,让老人用前面乘客的卡刷卡进闸。老人在刷卡时由于站在宽闸机内引起宽闸机报警,这时老人的儿子便情绪激动地问道:"拿别人的卡刷什么?"工作人员解释说:"刚才女乘客的卡没有刷上,我不拿别人的卡刷,她怎么进闸呢?"乘客不听服务人员解释,一直堵在宽闸机出口大喊大叫,工作人员站在一旁解释几句后便不再说话。

※分析该案例中服务人员的做法有何错误。

【跟我学习空间】

知识点1 乘客进出闸有困难

1. 乘客首次进闸乘车（图4-17）

对第一次使用车票进闸的乘客，特别是老年乘客，厅巡（站厅站务员）要协助他们使用车票，耐心告诉乘客："请您右手持票，并将票放在验卡区上方，听到嘀的一声响后进站。入闸后请您保管好手中车票，出闸时仍需使用车票。"

图4-17 乘客进闸

当乘客有摩擦车票等不恰当行为时，应予以纠正："您把票放在验卡区上方10厘米范围内就可以验票了，无须摩擦。"

2. 乘客刷卡后不能进站

乘客刷卡后不能进站的处理方法如下。

（1）"请您别着急，我帮您查一下"，双手接过乘客的票卡，查询乘客"一卡通"的基本信息，首先判断无法进站的原因。

（2）如果"一卡通"余额不足，则礼貌地提醒乘客充值或购买单程票卡进站："您好，您的票卡余额不足，请您充值后使用，谢谢合作。"

（3）如果乘客已有本次进站记录，可以告知乘客一张卡只能一人使用，避免出现一卡多人进站的问题。

（4）如果"一卡通"无上次出站记录，则补写出站信息，扣除相应的费用，并提醒乘客出站时也需要刷卡。

（5）如果"一卡通"消磁，则礼貌提醒乘客购买单程票卡进站，并建议乘客可以到指定网点办理换卡的手续。

3. 专用通道管理

专用通道是一项特殊服务设施，设置于付费区和非付费区之间，专用通

当乘客的"一卡通"
无法刷卡进站

道分为宽通道闸机和边门(图4-18)两种。它主要是为方便持有免费乘车凭证、携带大件行李(地铁车站允许范围)无法正常通过普通闸机,以及供内部工作需要和特殊情况需要时使用。

图4-18 边门

(1)宽通道闸机管理

自动检票机根据通道宽度可以分为普通闸机(通道宽度为500mm)和宽通道闸机(通道宽度为900mm,见图4-19)两种类型。宽通道闸机通过要求如下:

①携带大件物品(地铁车站允许范围),无法通过普通闸机进出站的乘客,可刷卡通过宽通道闸机。

②车站人员工作需要时,可以通过宽通道闸机。

图4-19 宽通道闸机

(2)边门管理

边门设置于付费区和非付费区之间,是隔离围栏的一部分,可以单独打开和关闭上锁,平时处于锁闭状态。

边门进出对象主要包括:持有国家民政部门核发的《中华人民共和国残疾军人证》的伤残军人;持有国家民政部门核发的《中华人民共和国伤残人民警察证》的伤残警察;持有中国残疾人联合会核发的《中华人民共和国残疾人证》,且残疾等级为一级或二级的重度残疾人。

①残疾人。残疾人按不同残疾分为视力残疾、听力残疾、言语残疾、肢体

残疾、智力残疾、精神残疾和多重残疾七大类;各类残疾按残疾程度分为四级,即残疾一级、残疾二级、残疾三级和残疾四级。残疾一级为极重度,残疾二级为重度,残疾三级为中度,残疾四级为轻度。持有中国残疾人联合会核发的《中华人民共和国残疾人证》,且残疾等级为一级或二级的重度残疾人可免费乘坐地铁。

《中华人民共和国残疾人证》证件如图4-20所示。

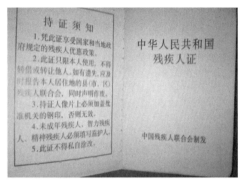

图4-20　中华人民共和国残疾人证

②伤残军人。根据《军人抚恤优待条例》(国务院、中央军事委员会发布,2004年10月1日施行,2011年7月29日修订)第四章第三十六条规定:残疾军人凭《中华人民共和国残疾军人证》免费乘坐市内公共汽车、电车和轨道交通工具。

《中华人民共和国残疾军人证》证件如图4-21所示。

图4-21　中华人民共和国残疾军人证

③伤残警察。按照2005年公安部和原建设部(现住房和城乡建设部)联合下发的建城〔2005〕231号文件《关于因公致残的人民警察乘坐市内公共交通工具享受与残疾军人同样待遇的通知》中规定:根据《中华人民共和国人民警察法》第四十一条:"人民警察因公致残的,与因公致残的现役军人享受国家同样的抚恤和优待",因公致残的人民警察乘坐市内公共汽车、电车和轨道交通工具,应按照《军人抚恤优待条例》第三十六条中残疾军人乘坐市内公共汽车、电车和轨道交通工具的有关规定执行。

《中华人民共和国伤残人民警察证》如图4-22所示。

图4-22 中华人民共和国伤残人民警察证

正常情况下一般不使用边门,只有在车站发生突发事件需快速疏散乘客时,或因地铁设备、设施维修需要时站务员在得到站长许可后可打开边门;当地铁车票功能和种类还未完善时,车站边门还可以临时作为人工检验车票进出站的闸口;其他需使用边门的情况。

4. 其他进出闸事务处理

(1)退票(以某地铁公司为例)

①正常情况下作业标准。

a. 售出车票当天已进站使用,该票进站时间未超过免费更新时限(15分钟),更新后可办理退票。

b. 售出车票当天已进站使用,且进站时间已超过可免费更新时限的车票,车站不予办理退票。

c. 本站当日票务设备售出的无法进站的异常票,经分析确认后,可办理退票,并关闭该设备、报修。

d. 乘客退票均由当班值班站长确认、核实后开具《乘客票务事务处理单》办理退票。

②非正常情况下的作业标准。

a. 自动检票机故障,引导乘客由专用通道进出站,回收出站的单程票,引导持储值票乘客至客服中心进行票务处理。

b. 列车运营非正常,通知清客及晚点情况,引导乘客持票卡由专用通道出站,车站广播及时告知乘客凭该票卡在7个工作日内可至任意车站办理退票。

c. 现场退票需分析、确认后根据票卡内金额退款,回收退票,做好退款储值票的卡号记录。

d. 非现场退票,需根据分析而确认票卡内故障发生时间段、金额无误后,退还票款并回收,储值票记录卡号、报车控室查询后,如无退票记录可为其办理退票。

（2）异地购票本站无法进站的处理标准

①应向乘客解释,单程票只能在购买车站乘坐。

②为乘客办理退票,填写退票信封时填写"日期""站名""经手人""卡号""金额""退票原因"及值班站长签署意见。

（3）乘客出站时通道被占用的处理标准

①界面显示结果为"本站已出站",判定出"通道占用"的情况。

②制作免费出站票。

③及时登记《使用免费出站票登记簿》。

（4）乘客自身原因提前下车要求退款的处理标准

告知乘客选购车票并进站检票后,如因个人原因提前出站,车票余额是不予退还的。

（5）冒用或借用老人卡、学生卡的处理标准

①拒绝其使用该卡乘车,作为无票乘车处理,须按照距本站单程最高票价补收票款,并通知值班站长进行收卡。

②由值班站长开具收卡收据,告知这名乘客请持卡人10日内带齐相关证件前来车站领卡。

③告知乘客,10日后持卡人未亲自前来领取的,卡将被移交ACC(清分中心)。

（6）车票丢失

如果在进闸前(非付费区内)遗失车票,须重新购买车票。如果进闸后(付费区内)遗失车票或无票,须按最高单程票价补交车费后出闸。

知识点2　乘客进出闸不文明行为处理

1. 乘客进站饮食

中国人早餐大多以包子、馅饼为主,这也是很多人对在车厢内吃早餐不满的原因。"最受不了韭菜包子、煎饼果子之类的,闻到就想吐。"不少支持地铁禁食的人认为,在车厢内吃这种味道大的食品,是对周围人的极大不尊重,应该坚决制止。

作为客运服务人员,一旦发现乘客进站时饮食应当立即制止:"先生/女士,为保障城市轨道交通运营秩序,营造安全、便捷、文明、舒适的乘车环境,

乘客在地铁车站内饮食

请勿在地铁车厢和车站内饮食,谢谢。给您带来不便,请您谅解。"如图4-23所示。

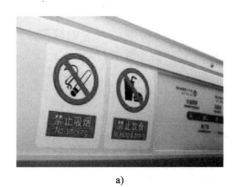

a)

b)

图4-23 地铁禁食标志

2. 乘客携带大件行李不遵守相应规定

礼貌地和乘客沟通,建议其使用直梯:"您好,您的行李较多,为了您的安全,请使用直梯,谢谢您的配合。"并引导其从宽闸机进站。

3. 发现成人、超高儿童逃票或违规使用车票进站

由于各地差异,部分城市规定儿童超过1.2米需购买成人票,有的城市则规定当儿童超过1.3米才需购买成人票,如图4-24所示。

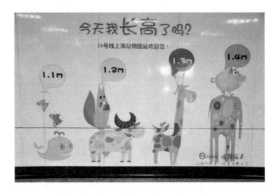

图4-24 上海地铁身高测量

(1)发现超高儿童无票乘车,应立即上前制止,并要求其到售票处买票:"对不起,您的孩子身高超过了1.3(1.2)米,请您买票,谢谢您的配合!"

(2)若发现违规使用车票的乘客,可按法制程序执行,必要时找公安人员配合。

如果有儿童进站,则礼貌地提醒乘客按照"儿童在前,成人在后"的原则刷卡通过闸机,或建议乘客抱起孩子进出闸机。

4.其他违规进站行为

地铁工作人员可以拒绝下列乘客进站:

(1)拒不接受安检的乘客。

(2)携带违禁物品的乘客。

(3)乞讨人员、小摊贩等。

团队学习空间

【案例1】 工作人员未帮助推婴儿车事件

某日9:40左右,乘客出站时,婴儿车被闸机卡住,站厅电梯岗工作人员看到后上前询问,并请乘客后退,试图帮助乘客将婴儿车拉出闸机,但是该乘客没有理会工作人员,自己试图强行将婴儿车往后拉。工作人员根据经验判断乘客这样使用蛮力,可能更加拉不出婴儿车,于是再次请乘客向后退。乘客听后认为工作人员不帮自己忙,便开始发脾气,情绪激动。工作人员见乘客不配合便到一旁去了,没有再理会乘客。乘客将婴儿车拉出后走到电梯岗工作人员面前说:"你什么态度,我要投诉。"工作人员转过头没有理会乘客,乘客投诉。

※小组讨论:指出该工作人员的错处,并阐述该如何做。

【案例2】 某日,一名男性乘客拿着伤残军人证换福利票,售票员辨认该证件为伪造证件,于是直接大声指出该证件是伪造的,不同意为其兑换,乘客觉得没有面子,开口就骂脏话,并且和该售票员发生了争吵,影响了售票服务,1分钟以后,该售票员请求值班站长协助处理,乘客边骂边离开了车站。

※小组讨论:

1. 在上述案例中,售票员有哪些地方做得不合适?
2. 乘客和售票员争吵的主要原因是什么? 如何避免该乘客再次利用伪证?
3. 如果你是售票员,会如何处理?

拓展空间

"答客问"服务标准

1. 一张票能几个人共同使用吗?

对不起,不可以,一张票只能一人使用。

2. 学生使用学生储值票未带学生证如何处理?

如果在进闸前发现学生使用学生储值票未带学生证,则建议其先购买一张普通单程票进闸;如果在出闸时发现学生使用学生储值票未带学生证,则必须补交全程最高票价出闸。

3. 刷车票闸机没反应怎么办?

您好,请不要着急。请您到客服中心去查询车票信息。

4. 我的储值卡在进站时坏了,怎么办?

您好,请您到客服中心办理,车站工作人员会为您办理相关手续。

5. 我刚刚刷卡了没有进去,闸门就关了,怎么办?

您好,您可以到客服中心去处理车票。

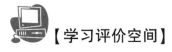【学习评价空间】

评价内容	评价人	评价结果					评语
		优	良	中	及格	不及格	
自我学习	自评						
上课表现	教师						
团队学习	组长						
拓展锻炼	教师						

任务四　乘客候车服务

自我学习空间

【案例】 某日8:03,列车到达A站下行站台,一名男性乘客从下行19号门上车,在列车关门后被卡在车门与屏蔽门之间。正在站台的站务员发现后,上前叮嘱乘客用手抓紧屏蔽门,同时呼喊站台站务员。8:04,站台站务员发现后试图到站台中部按压紧急停车按钮,结果没有找到紧急停车按钮位置,又跑回事发屏蔽门处。其间通过对讲机报告情况给行车值班员。行车值班员用对讲机联系司机没有成功;列车动车,行车值班员立即向行车调度员报告。列车出清后,站台站务员马上将乘客救出,随后乘客被值班站长带离现场。

※请根据该案例自行总结站台站务员需具备哪些业务知识。

学习笔记

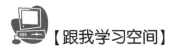【跟我学习空间】

站台(见图4-25)是车站的重要组成部分。在早晚高峰时,站台上来往乘客较多,稍有疏忽,就有可能发生安全事故,尤其是在乘客上下车时容易发生混乱,工作人员和乘客之间也容易发生纠纷。因此,站台服务需要将安全理念和服务技巧相结合。站台服务主要包括:乘客候车服务、乘客安全服务、重点乘客服务、乘客广播服务、乘客秩序维护等。

图4-25 地铁站台

知识点1 站台服务岗位概述

1. 站台服务的基本要求

(1)执行相关规章制度,做到有令必行,有禁必止。

(2)注意站台乘客的候车动态。在没有设置屏蔽门的站台应提示乘客站在黄色安全线以内候车,及时提醒特殊乘客注意安全(如对不便乘坐扶梯的乘客应提醒其走楼梯),提醒乘客不要倚靠屏蔽门等。

(3)车门或屏蔽门关门时,应确认其工作状况。发现未关闭好时,应及时向综合控制室报告,并负责处理屏蔽门故障。

(4)帮助乘客,回答乘客问询。

(5)特别注意帮助老、弱、病、残等有困难乘客上下车。

(6)负责站台设备的安全。

2. 站台站务员的作业要求

(1)必须佩戴工号牌,做到仪表整洁、仪容端庄。

(2)工作时精神饱满、思想集中,禁止闲聊。

(3)保持站台环境清洁,注意站台设备的工作状况,如发生故障,应及时报修,以免引起乘客的不便。

(4)注意乘客安全,个别乘客站在安全线以内时,应给予适当提醒。协助乘客安全进出车厢,维持站台秩序,方便开关车门。

(5)留意站台上乘客的需要,如看到乘客有困难(身体不适、行动不便等),应主动上前了解情况,并尽量提供帮助,必要时可以向其他同事请求协助。

(6)遇到特殊事件时,能正确及时地进行站台广播。

知识点 2　接发列车作业

1. 接发列车作业程序

站台站务员应按照"一看、二接、三送"的一次作业程序做好接发列车工作。

(1)"一看":列车进站时,站在安全线内,面向股道,目光左右巡视,确认线路无障碍后,引导乘客站在安全线以内候车。

(2)"二接":列车停稳后,面向列车立正站好,目光注视车门、安全门开启情况,待车门、安全门开启后,引导乘客上下车,并确保安全,直至全部车门、安全门关闭。车门、安全门关闭后,目光左右巡视,确认关门良好后,给司机打关门良好手信号。

(3)"三送":列车启动时,注意列车动态及站台情况,如有异常及时通知站长或车站值班员。当列车尾部经过站立位置后,面向列车出站方向,90°转身,目送列车出站界。

2. 接发列车作业标准及注意事项

(1)接车

①列车进站前巡视站台并引导不按秩序排队的乘客排队候车。

服务用语:"您好,为了您的安全,请站在安全区域内排队候车,谢谢合作。"

②列车即将到站时,站台站务员站在站台尾部紧急停车按钮附近,保持站立姿势,面向股道,目光左右巡视。

③列车停稳开门后站台站务员注视车门、安全门的开启情况及乘客上下车情况,引导乘客按秩序先下后上。

服务用语:"各位乘客,请先下后上,小心列车与站台间的空隙,谢谢合作。"如图 4-26 所示。

(2)发车

①列车关门:关门警铃声响时,站台站务员注视车门、安全门的关闭情况,对于没有上下车完毕抢上抢下的乘客,及时劝阻。

服务用语:"您好,车门即将关闭,请耐心等候下一趟列车,谢谢合作。"

②车门关好后,站台站务员站在安全线以内,面向列车,保持站立姿势,

目光左右巡视,观察车门及安全门关好、车门与安全门之间缝隙无夹人夹物后,向司机打关门手信号,同时头部转向司机相互确认。

图 4-26　维持乘车秩序

③列车正常启动后,站台站务员方可收回关门手信号,注意列车动态及站台情况,当列车尾部经过站立位置后,面向列车出站方向,90°转身,目送列车出站界。

(3)注意事项

①若每侧配置两名站务员时,由车站指定站台尾部紧急停车按钮处接车人员打关门手信号,另一名站务员按程序接发列车但不打关门手信号。

②列车无须清客时,确认车门、安全门关好,缝隙安全,站台乘客候车安全,打关门手信号提示司机可以动车,同时头部转向司机相互确认。

③当列车需清客时,确认清客完毕,打关门手信号(意思为清客完毕)告知司机可以关门,车门、安全门开始关闭时放下手臂;确认车门、安全门关好,缝隙安全,再打关门手信号(意思为关门好)告知司机车门、安全门关闭良好。

④列车关门后,关门手信号打出 15 秒,若列车仍没有启动,可收回关门手信号,立即向车站值班员汇报并及时走向发车端司机室处,向司机查明原因,并报车控室。若在走向司机的途中列车启动开出,视为正常启动,无须再向司机查明原因。

知识点 3　站台巡视作业

站台巡视作业有以下几点:

(1)检查安全门的状态,包括安全门上的顶箱前盖板是否锁闭,安全门和端墙门是否正常关闭等,其他与安全门安全有关的设施。

(2)留意站台乘客的候车动态,及时提醒特殊乘客注意安全(如对不便乘坐扶梯的乘客提醒其走楼梯,提醒乘客不要倚靠安全门等)。

(3)留意站台消防设备状态以及自动扶梯、垂直电梯运作情况。

知识点 4 站台常见问题处理

1.站在黄色安全线边缘或蹲姿候车、倚靠屏蔽门

(1)通过车站固定录音广播、人工广播向乘客宣传(以 2~3 次为宜),强调指出:"站台候车的乘客,请勿越出黄色安全线或蹲姿候车,谢谢合作!"

(2)站务员不断加强巡视,发现有乘客越出黄色安全线或蹲姿候车,应用手提广播提醒,并注意语气和使用文明用语:"乘客,您好。请勿越出黄色安全线(请勿以蹲姿候车),谢谢合作!"

(3)如发现乘客手扶或倚靠屏蔽门,应及时走近或用手提广播提醒:"您好,请勿手扶或倚靠屏蔽门,谢谢合作。"

(4)发现身体不适或年龄较大的乘客,可指引他们到候车椅上休息。

2.小孩在站台追逐

站务员特别提醒家长带好自己的小孩,不要让他们随意在站台上奔跑,及时上前制止正在追逐打闹的小孩,并强调:"地面很滑,容易摔倒,请家长照看好自己的小孩,不要在站台追逐、打闹、奔跑。"

处理此类问题时应从乘客安全的角度出发,以免引起乘客的不满。

3.乘客吸烟

为了保护乘客的安全,车站工作人员会及时检测火情并做到发现火情后立即处置。地铁站里安装有"烟雾报警器",也就是我们俗称的"烟感",吸烟产生的烟雾极有可能触发烟感报警并且导致车站内多种设施无法正常工作,干扰地铁正常运营秩序,影响车站正常运作,更有甚者可能引发火灾,对乘客的生命财产安全造成损害,导致乘客恐慌事件发生。

乘客候车时吸烟

发现有乘客吸烟,应立即制止乘客行为,有礼貌地解释。

"乘客,您好,为了安全,地铁站内禁止吸烟,谢谢合作!"

4.乘客抢上抢下

有时候乘客为了赶时间,会在车门即将关闭的时候,冒险冲上车,这种行为除了可能导致列车晚点外,还可能造成乘客夹伤甚至更加严重的后果。在抢上抢下的过程中,一旦不小心被屏蔽门或车门夹住,很容易造成乘客夹伤或物品损坏;更加危险的是,当被夹物品尺寸过小时,屏蔽门检测不到此物品,门不会自动弹开,乘客或所持物品就会被挤到车门或屏蔽门缝隙中,造成严重后果。

乘客上车拥挤时

这就要求乘客在列车到站停稳后,有序上下车,关门警报声响起后,切勿再抢上抢下。安全第一,文明乘车。

站务员发现乘客抢上抢下应当及时提醒:"请耐心等候下一趟列车,谢谢合作!"如图 4-27 所示。

学习笔记

图 4-27　地铁"抢上抢下"提示

5. 乘客在站台上逗留

若发现有长时间逗留在站台不出站的乘客,应主动上前询问情况,避免逗留的乘客跳轨等紧急情况的发生。

另外,车站管理规章规定,禁止乘客在站内兜售物品、吸烟、乞讨、卖艺(见图 4-28)、追逐打闹、躺卧、踩踏座席、随地便溺、吐痰和吐口香糖、堵占车内或站内通道。站务员发现要立即制止。

乞讨行为的处理

卖艺行为的处理

图 4-28　地铁卖艺

6. 乘客物品掉落轨行区(见图 4-29)

图 4-29　物品掉落轨行区

(1)掉下轨道的物品影响行车时(如高出轨面)

①物品掉下轨道危及行车安全,站务员发现后,马上按压紧急停车按钮,同时向车控室报告;并安抚乘客,防止乘客跳下轨道拾物。

②值班员报行调同意,值班站长马上赶往事发现场,指挥处理,安排人员从站台两端的楼梯或使用落轨梯下轨道拾回物品。

③物品拾上来后,值班站长要确认线路不影响行车,向行车值班员报告,行车值班员及时取消紧停,并向行调汇报。

(2)掉下轨道的物品不影响行车、行调同意拾取时

①站务员应立即提醒并安抚乘客:"请勿私自跳下轨道,我们的工作人员将会尽快为您拾回物品,谢谢合作!"

②站务员再用对讲机通知车控室处理,同时要确保乘客不能有跳下轨道的行为。

(3)掉下轨道的物品不影响行车、但掉落位置不确定时

站务员应安抚乘客:"在运营结束、接触轨停电后,我们会尽量帮您拾回,但因轨行区有排水沟和下水道,我们不能保证一定帮您找回。"

(4)掉下轨道的物品不能用拾物钳拾取(易碎/手机)时

站务员应安抚乘客:"您好,在运营结束、接触轨停电后,我们会尽量帮您拾回,但因站台与轨道有一定高度,帮您拾回的物品不能保证完好无损。"

团队学习空间

【案例】 某日17:40分左右,A站站台站务员向车控室汇报:一女乘客的车票不小心掉在了上行线轨道上。经询问得知该乘客是准备去D站,掉下去的车票是一张3元单程票。此时列车准备进站,值班站长通知站台,让乘客出站再补票,乘客听后态度非常恶劣,并大骂为什么不可以马上捡回,这是什么态度等,在站台影响较大。值班站长考虑到是一张单程票掉轨,行调不会让车站即时拾回,而且现在是运营高峰期,站台是一人接车,于是值班站长按习惯做法联系D站行车值班员,请该站开边门放行,同时告诉D站该乘客乘坐的车次,当时D站行车值班员同意开边门,于是A站值班站长通知站台,叫该乘客到D站找工作人员走边门。18:30左右,D站值班站长打电话来说她不会给乘客开边门,她要乘客补6元出站,但乘客不愿意,A站值班站长告诉她此事已经和他们车站的行车值班员联系好了,但D站值班站长仍不开边门,并要求乘客补6元。A站值班站长只好让D站先垫6元;让乘客出站,最后又派人将6元送到D站。

※小组讨论:
分析该案例中哪些工作人员做错了。如果你是当班工作人员,应当如何处理此类事件?

拓展空间

"答客问"服务标准

1. 物品掉下轨道怎么办？

请马上与工作人员联系，耐心等候，不要跳下站台，我们做好安全措施后会尽快处理。

2. 如果发生有人掉到轨道上，有没有让车停下来的措施？

有，车站控制室、站台均设有紧急停车按钮。如乘客发现有人掉到轨道，可按压设置在站台的紧急停车按钮，但如在非紧急情况下按压将承担法律责任。

3. 屏蔽门故障如何上下车？

请听从工作人员（或列车及车站广播）的指引上下车。

4. 为什么车门灯在闪烁时不能上下车？

因为车门灯闪烁，是表示车门即将关闭，为防止车门夹人，车门灯闪烁时不要强行上下车。

5. 为什么不能在站台站追逐打闹？

站台地面光滑，客流量大。在车站打闹不仅妨碍车站运作，而且影响其他乘客，同时对自己也不安全。

6. 屏蔽门是否会夹人？

只要乘客正常上下车就不会夹人，万一夹人，屏蔽门会自动重新打开。

关门手信号

部分城市要求站务员在曲线站台接发列车时打关门手信号，如图4-30所示。

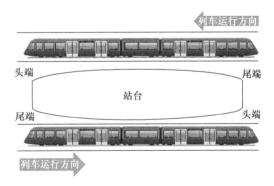

图4-30　曲线站台

关门手信号——面对列车，右臂五指并拢，伸直上举，前后摇晃（与列车垂直）。

拓展空间

拾物钳

　　拾物钳又叫拾物夹、捡拾夹。它由手柄、连接杆、拾物夹三部分组成,如图 4-31 所示。它可以用于捡取高处够不到,低处蹲不下或捡不到,或者不想用手捡的东西。在地铁车站由于线路接触轨带高压电,拾物钳常用来拾取乘客不小心掉到轨道上的小件物品,在线路上也用来拾取异物或处理侵限物品。

①手柄　　　　②连接杆　　　　③拾物夹

图 4-31　拾物钳

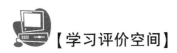【学习评价空间】

评价内容	评价人	评价结果					评 语
		优	良	中	及格	不及格	
自我学习	自评						
上课表现	教师						
团队学习	组长						
拓展锻炼	教师						

任务五　乘客出站及站内其他服务

自我学习空间

【案例】　某日上午突降大雨,A站C出入口为无盖出入口,值班站长担心电梯井积水过多,安排两名工作人员关停电扶梯。其中一人引导乘客,另一人关停电扶梯。关停电扶梯时,仍有一名乘客在电扶梯上,该乘客手持雨伞,未握住扶手,在距电梯出口三四个梯级处,身体晃动了一下。乘客进入C出口通道后,径直走到进闸口处,询问工作人员(实习生)投诉电话,该工作人员回答自己不清楚,请乘客到客服中心询问。随后乘客拨打服务热线投诉。

※该案例中,工作人员哪些地方做错了?

【跟我学习空间】

若乘客不确定自己出站的方向,车站工作人员应给予主动、热情的指引。

厅巡发现有乘客在地铁站逗留时间较长不出站,或坐在站厅的地上时,应及时问清乘客逗留的原因,礼貌地请乘客不要坐在站厅地面,请乘客尽快出站,以免影响车站的正常客运秩序。

知识点1 问询引导服务

有的乘客在候车或者出站时,往往是骑马找马,到了站台站在指示牌前,也会焦急地问站务员:"请问到××坐哪个方向的车?""请问到××从哪个出口出站?"作为站务员,一定不能表现出不耐烦,而应该耐心地详细解答。具体细节如下:

(1)用手掌指示方向。比较标准的引导手势是:手掌伸平,五指自然收拢,掌心向上,小臂稍向前伸,指向乘客要去的方向。不要伸出一个手指头,指指点点。

(2)解答时使用敬语。如"您可以往××方向走"。

(3)乘客表示感谢时应礼貌回答"不用谢"或"这是我们应该做的"。

(4)如果乘客提出的问题,站务员无法给出确切的答案,需要向乘客解释,提示乘客需要到附近再核查一下。不要直接回答"不知道",也不要回答一些误导性或错误信息给乘客。

知识点2 乘客乘坐扶梯

1. 提醒乘客搭乘扶梯注意事项

车站应通过广播、标志等方式告知乘客搭乘扶梯的注意事项,必要时需站台站务员主动上前提醒违规使用扶梯的乘客。

(1)踏上扶梯前

①看清楚运行方向。

②踏入时应加倍小心。

③避免宽松衣物贴近级边。

④切勿在入口范围站立或逗留。

⑤使用轮椅、携带婴儿车、手推车、行李或大件物品时,切勿使用扶梯。

(2)使用扶梯时

①紧握扶手。

②面向前方。
③站稳、切勿走动。
④避免站近级边。
⑤穿着凉鞋或拖鞋的乘客,小心扶梯级边。
⑥切勿靠在扶梯两边或倚在扶手上。
⑦切勿坐在梯级上。
⑧切勿奔跑、嬉戏、争先恐后。
⑨乘坐扶梯时请靠右站稳扶好。

(3)离开扶梯时
①尽时踏出。
②尽快离开出口范围。

(4)一般安全指引(图4-32)
①小心照顾同行的老人和小孩。
②使用轮椅、携带婴儿车、手推车、行李或大件物品的乘客,请使用专用电梯。
③已经停止运行的扶梯梯级高低不一,使用时须加倍小心。
④如遇紧急情况,立即按下扶梯的紧急停止按钮。
⑤携带行李箱请使用无障碍电梯。

图4-32 自动扶梯安全展示图

2.老年乘客坚持乘坐扶梯

站务员应积极劝说:"先生/女士,您好,为了保障您的安全,请您乘坐直梯或楼梯步行,谢谢。"

如仍然坚持,站务员应陪同老人同乘电梯,保障其安全。

知识点 3 应急服务

1.乘客突发疾病(图4-33)
(1)主动上前查看乘客的情况,适当地安抚和询问:"您好,您哪里不舒服吗?""需要帮您叫救护车吗?"

老年乘客坚持乘扶梯

(2)征得乘客或其家属的同意后,及时与急救中心联系,必要时可以请求其他工作人员到车站出口迎候急救人员,并宣传疏导周围乘客,保障各个通道畅通无阻,为乘客的治疗争取时间。

(3)协助医护人员将乘客送上救护车。

2.有乘客走失

(1)适当地安抚乘客。

(2)了解走失人员的性别、年龄、特征、走失时间、乘车路线等情况并进行登记。

(3)利用广播在车站内协助寻找,如未找到,可上报至运营控制中心,在全线进行广播寻找,必要时在征得乘客同意后,协助乘客通知公安部门寻找。

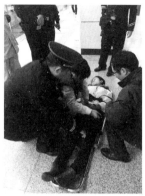

图4-33 乘客突发疾病

乘客走失

3.遗失物品查找

(1)当乘客反映物品丢失时,安抚乘客并了解遗失物品的基本特征、物品遗失的地点和时间等,将乘客的姓名、身份证号码、联系方式进行登记,方便联系乘客,通过广播在本车站进行询问和查找。同时打电话向有关车站进行询问和查找。

(2)当乘客拾捡到其他乘客的物品并上交时,要向乘客表示感谢并当面对拾捡物品进行详细的清点和记录。

遗失物品查找

4.乘客在车站内发生伤害

(1)安抚乘客情绪,了解伤害状况,对伤口进行简单的消毒处理。

(2)当乘客提出要去医疗机构检查的要求时,应按照地铁相应规定进行处置,必要时应该让工作人员同乘客一起去医疗机构就诊。

(3)在处理乘客伤害过程中,切忌推诿或拒绝其就医要求。对发生伤害的乘客,要耐心地解释,讲明公司的规定,必要时向上级报告,求得解决办法。

5.乘客被困无障碍电梯内

(1)接到求救信息后要与乘客进行沟通,确认电梯内人员数量和人员情况,上报故障报警中心,并提醒乘客在接到指示前不得进行任何操作(如扒开梯门等)。

(2)通过电梯内的通信装置先稳定乘客情绪,注意与乘客沟通并安慰乘客,让乘客保持镇定,并告知维修人员马上进行维修。

(3)故障电梯应立即停用,放置暂停服务牌。

(4)等待专业救援人员进行维修和救援。

团队学习空间

小组模拟实操应急服务中出现的客运服务案例,熟悉处理流程,记录注意事项。

在站务人员的日常工作中,很多情况下都需要为乘客指路。为乘客指示方向时应注意哪些方面?

【学习评价空间】

评价内容	评价人	评价结果					评　语
		优	良	中	及格	不及格	
自我学习	自评						
上课表现	教师						
团队学习	组长						
拓展锻炼	教师						

模块五 乘客投诉及伤亡处理

任务一 乘客投诉处理

自我学习空间

据一项调查显示,在所有产生不满情绪的乘客中,约有69%的乘客从来不会进行投诉,他们选择自己消化这种负面情绪,而大约26%的乘客会选择向身边的服务人员进行简单的口头抱怨,只有5%的乘客会向投诉管理部门正式进行投诉。

※在生活中你是否进行过投诉?原因是什么?

学习笔记

【跟我学习空间】

知识点 1 投诉的定义

当乘客乘坐轨道交通工具出行时,会对此次出行和企业的服务抱有一种良好的期盼,如果这些期盼严重得不到满足,乘客就会失去心理平衡,产生要讨个说法的行为,就是投诉。

简单来说,乘客任何不满意的表示都可以被看作一种投诉。

知识点 2 投诉的方式及处理注意事项

1. 当面口头投诉

一般指乘客亲自来到城市轨道交通企业相关部门,采用口述的方式将投诉内容及投诉理由等告知客服工作人员,期待得到满意的答复。

注意事项:表情管理、谨慎用词。

2. 书面投诉

书面投诉是指乘客通过意见箱、邮局信件、网上电子邮件等途径,以书面的形式将对城市轨道交通企业的不满、意见和建议等寄送相关部门。

注意事项:表示出诚恳的态度和想要认真解决问题的意愿。

3. 电话投诉

乘客通过拨打热线电话或投诉电话,将投诉的建议、投诉的内容告知相关工作人员。

注意事项:不能通过表情传达情绪,特别要注意语气和态度。

知识点 3 投诉产生的原因

1. 乘客原因

由于乘客对服务的期望值过高,乘客的要求服务人员无法满足,或者乘客本身强词夺理,不了解或不知道企业规定等产生的投诉都可归为乘客自身的原因。

2. 企业原因

由于企业服务不到位、设施设备故障影响了乘客的出行,工作人员不规范作业、业务能力不过关、疏忽大意、不作为、效率低、态度差等,则是企业的原因。

知识点 4　处理投诉的原则

1. 安全为首，服务为本

在面对乘客投诉时，工作人员首先要学会换位思考，站在乘客的立场想问题。其次，要相信乘客的投诉是有理由的。只有这样工作人员才能够用平和的心态来处理乘客的抱怨和投诉，进行有效的沟通。

工作人员在提供服务的时候，应该尽量避免提到"没办法，这件事情我解决不了""你们去投诉好了""我不知道，你自己看着办"等类似的用语。而应该尽可能地创造条件去解决乘客的问题，做好乘客接待和服务工作，认真听取乘客的批评，改正工作的不当之处。

2. 公正客观，不推脱责任

乘客投诉的处理工作应该遵循国家的法律法规及行业和企业规定。投诉的处理应该是及时客观、公开公平的，不可拖延时间或推卸责任，造成事态恶化升级，产生不良的社会影响。

3. 先处理感情，后处理事件

当乘客进行投诉的时候，其情绪一定是非常糟糕和不稳定的。因为企业提供的服务和他的预期有差别，所以他才会进行投诉。因此工作人员在进行投诉处理的时候，应特别关注乘客的情绪，首先需要让乘客平息怒气，然后再想办法帮助解决具体问题。

接待乘客的时候，应该真诚、认真地听取乘客的叙述，使乘客感受到被重视，并且对乘客的遭遇表示歉意和同情，快速地采取相应的行动，解决乘客投诉的问题。最后感谢乘客的意见和建议，因为这些意见和建议能够指导企业提高管理水平，改善服务质量。

4. 态度亲切，语言得体

乘客产生投诉的原因无外乎两大类：一个是企业的原因，另一个是乘客自身的原因，而包容乘客指的就是工作人员对乘客的一些错误行为予以善意的理解和宽容。

知识点 5　处理投诉的流程

1. 投诉受理

无论是哪一种方式，都应该记下投诉人、投诉时间、投诉对象、投诉事由、投诉要求，做好登记工作，并对乘客进行必要的解释和适当的安抚。为下一步解决问题提供原始的资料、依据和情感基础。

2. 投诉审核

首先要判断投诉理由是否充分,如果投诉不成立,受理人员应向投诉人进行相应解释。如果投诉成立,则应该进入调查核实的阶段。

3. 调查核实

受理部门要有专人负责落实调查投诉的内容,进行分析并明确责任人。最后要将处理结果尽快进行反馈。

4. 处理

如果是能够当场解决的问题,应该立即予以解决,不要耽误时间,避免因为耽误时间而再次引发乘客的不满。

对于没有办法当场解决的问题,工作人员应该告知一个比较具体的反馈时间,征询乘客意见。提出解决方案的时候,要态度平和诚恳,尽量不要引起乘客的不满情绪。在投诉处理完毕之后,及时将处理情况和结果反馈给投诉人。

5. 责任追查

根据以上处理流程,确定造成乘客投诉的直接责任人和责任部门,并对其进行相应的处理。

6. 统计分析改进,进行记录归档

这一步骤有助于企业对投诉进行统计和分析,找出常见的问题并有针对性地进行总结改正,避免类似问题重复出现,能够更好地提高企业的服务质量。

团队学习空间

以团队的形式讨论如下问题:
1. 投诉是不是一个负面事件? 它有没有积极的意义?
2. 观看教学视频

常见的投诉原因　　有责投诉和无责投诉　　对服务投诉的处理

※通过讨论,归纳投诉产生的原因有哪些? 除了按照企业和乘客两个角度对投诉进行分类外,还可以从哪些角度进行分类?

拓展空间

【案例】 某日23点左右,乘客从2号线某站进站买票,售票室工作人员询问乘客去哪,乘客说我要坐1号线到大学城车站,工作人员告诉乘客,1号线最后一班列车已经离站,于是乘客只能打车回家。之后乘客经过了解,发现到地铁1号线开往大学城站方向的末班车为23:45,于是引发乘客投诉。

1. 请以团队为单位讨论如下问题,并做好记录。
引发此次投诉的原因是什么?
作为一名城市轨道交通的服务人员,应该如何处理此次投诉?
2. 用短剧的形式还原投诉场景及后续解决方案。
处理过程中有哪些注意事项?

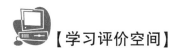【学习评价空间】

评价内容	评价人	评价结果					评　语
		优	良	中	及格	不及格	
自我学习	自评						
上课表现	教师						
团队学习	组长						
拓展锻炼	教师						

任务二 客伤事故处理

自我学习空间

【案例】 某日下午,一名乘客在 A 地铁站的站厅付费区上行自动扶梯上,违反安全乘坐扶梯的要求,站在扶梯左侧并且将身体上半部伏在扶梯扶手上,回头向下张望。当该扶梯运行至扶梯与站台顶板夹角处时,该乘客的头部卡在了夹角处,导致伤害事故发生。

剪刀式自动扶梯之间会有小于 35°的斜面夹角,而扶梯与建筑物之间也存在夹角,这些危险的三角区(见图 5-1)都是容易发生事故的区域。

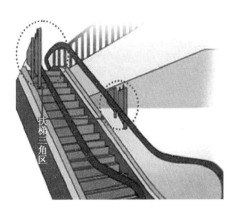

图 5-1　扶梯三角区

※思考:
如何正确乘坐电扶梯,避免三角区危险?
假如你是车站工作人员,你会怎么做?

【跟我学习空间】

知识点 1 客伤事故的定义

在城市轨道交通运营区域内，凡持有当日当次有效的乘坐城市轨道交通凭证，从验票进站始至验票出计费区检票闸机处，由企业管辖的附属设施出口、自动扶梯、通道等区域内因乘客受伤构成的事故，称为客伤事故。

知识点 2 导致客伤事故的原因

1. 乘客自身原因

在城市轨道交通设施设备正常运行情况下，由于乘客自身不注意、个人安全防范意识不足或其他个人因素造成的伤害，称为乘客自身原因产生的客伤事故。

举例：乘客携带大件行李失去平衡摔倒、乘客抢上抢下造成屏蔽门夹伤、扶梯上打闹伤害、不抓牢伤害等。

2. 城市轨道交通企业方面原因

因城市轨道交通设施设备故障或服务存在不足引起的乘客伤亡，称为城市轨道交通企业原因伤害。

举例：电扶梯故障导致乘客摔伤、设施设备运行不良导致乘客受伤、地面湿滑导致乘客滑倒受伤等。

3. 第三方侵权原因

乘客在城市轨道交通范围内因非城市轨道交通的外部人员或设备原因导致的受伤，被称为第三方侵权原因伤害。

举例：乘客打架斗殴、乘客推撞致使他人跌倒伤等。

知识点 3 处理客伤事故的原则

1. 优先抢救伤者原则

现场处理要本着以人为本的原则，优先抢救伤者，及时将伤者送往医院救治。

2. 避免二次伤害原则

现场处理时，要特别注意安全，包括工作人员的人身安全、伤者的安全，避免再次受到伤害。

3. 尽量避免影响正常运营秩序原则

现场处理事故时,要注意疏散围观乘客,维持好现场秩序。

4. 尽快恢复运营原则

现场处理事故时,及时出清路线,尽快恢复运营,最大限度地减小事故对运营的影响。

5. 尽力获取证据原则

现场处理人员尽力收集和保存事故证据、挽留证人,以便更快更好地处理事故。

知识点 4　处理客伤事故的流程

(1) 报告流程:站务员—值班员—值班站长。

(2) 视情况报急救中心和地铁公安分局。

(3) 如果因为地铁设施设备造成事故,除了影响行车的设备之外,应立即停止该设备运作。

(4) 广播安抚、疏散乘客,维护现场秩序。

(5) 寻找目击证人并在第一时间做好取证工作。

(6) 如有必要,在救护车到达之前,对伤者进行现场急救处理,在救护车到达之后与其做好交接配合。

团队学习空间

以团队的形式讨论如下问题:
1. 哪些城市轨道交通设施设备较容易发生客伤事故?
2. 如何避免客伤事故的发生?
3. 观看教学视频"常见客伤事故类型"。通过讨论,归纳出客伤事故的类型。

常见客伤事故类型

拓展空间

在教师的指导下,以团队合作的形式进行实操并完成如下内容。

1. 心肺复苏

注意:经过讨论和学习,先写下操作步骤、注意事项,最后进行实际操作。

2. 止血包扎

注意:经过讨论和学习,先写下操作步骤、注意事项,最后进行实际操作。

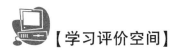

【学习评价空间】

评价内容	评 价 人	评价结果					评　　语
		优	良	中	及格	不及格	
自我学习	自评						
上课表现	教师						
团队学习	组长						
拓展锻炼	教师						

参 考 文 献

[1] 任义娥.城市轨道交通客运服务[M].北京:人民交通出版社股份有限公司,2017.
[2] 王博,申碧涛.城市轨道交通应急处理实务[M].北京:人民交通出版社股份有限公司,2017.
[3] 孟祥虎,孙巧玲.城市轨道交通应急处理[M].北京:人民交通出版社股份有限公司,2015.
[4] 昆明地铁运营有限公司.车站值班员(城市轨道交通系列教材)[M].成都:西南交通大学出版社,2015.
[5] 高蓉.城市轨道交通客运服务[M].北京:人民交通出版社,2012.
[6] 潘利.城市轨道交通车站客运服务[M].北京:人民交通出版社股份有限公司,2017.
[7] 永秀.城市轨道交通客运服务标志[M].北京:机械工业出版社,2016.
[8] 国家质量监督检验检疫总局.城市轨道交通客运服务标志:GB/T 18574—2008[S].北京:中国标准出版社,2009.
[9] 方振龙.城市轨道交通客运岗位实务[M].北京:北京理工大学出版社,2015.
[10] 徐胜南,邓先丽.城市轨道交通客运服务心理学[M].北京:人民交通出版社股份有限公司,2017.
[11] 王慧晶.轨道交通客运服务心理与实务[M].长沙:中南大学出版社,2017.
[12] 赵铎,常博.城市轨道交通服务礼仪[M].青岛:中国石油大学出版社,2015.